Gerhard Maier

Streiflichter meines Lebens

Ursprünglich sollte Gott gar nicht vorkommen

Gerhard Maier

STREIFLICHTER MEINES LEBENS

Ursprünglich sollte Gott
gar nicht vorkommen

SCM

Stiftung Christliche Medien

SCM Hänssler ist ein Imprint der SCM Verlagsgruppe, die zur
Stiftung Christliche Medien gehört, einer gemeinnützigen
Stiftung, die sich für die Förderung und Verbreitung christlicher
Bücher, Zeitschriften, Filme und Musik einsetzt.

© 2019 SCM Hänssler in der SCM Verlagsgruppe GmbH
Max-Eyth-Straße 41 · 71088 Holzgerlingen
Internet: www.scm-haenssler.de · E-Mail: info@scm-haenssler.de

Die Bibelverse sind folgender Ausgabe entnommen:
Lutherbibel, revidierter Text 1984, durchgesehene Ausgabe,
© 1999 Deutsche Bibelgesellschaft, Stuttgart.

Umschlaggestaltung: Grafikbüro Sonnhüter,
www.grafikbuero-sonnhueter.de
Satz: typoscript GmbH, Walddorfhäslach
Druck und Bindung: GGP Media GmbH, Pößneck
Gedruckt in Deutschland
ISBN 978-3-7751-5915-9
Bestell-Nr. 395.915

INHALT

Dies ist keine umfassende Biografie. Dafür fehlen zu viele Dokumente und Erinnerungen. Ich musste auch vieles auslassen, weil es noch lebende Personen betrifft.

»Einige Streifzüge durch mein Leben« trifft den Inhalt am ehesten. Eine Überzeugung aber ist mir geblieben: Unser beider Leben, das meiner Frau und meines, ist das unglaublichste und spannendste.

I. FRÜHE ERINNERUNGEN

Unsere Familie bildete einen festen Verband. Meine Großeltern mütterlicherseits, Johannes und Katharina Witzemann geb. Wolf, die beiden Brüder meiner leiblichen Mutter, Friedrich und Hermann Witzemann, natürlich meine Eltern Heinrich und Maria Maier gehörten dazu. Bei meinem Vater lebte noch längere Zeit dessen Vater Karl Maier. Seine Mutter Berta, geb. König, war relativ früh verstorben. Karl Maier hatte wieder geheiratet, und seitdem war die Familie meines Vaters mehr und mehr auseinandergefallen. Damals wohnte der väterliche Großvater schon nicht mehr in Ulm, sondern in Herrlingen im Blautal.

Unsere Heimat war Ulm. Aber nur mein Vater war echter Ulmer. Ursprünglich stammte seine Familie aus Essingen auf der Ostalb, zog dann nach Heidenheim und schließlich nach Ulm. Schon mein Urgroßvater Matthäus Maier lebte in der Donaustadt. Das alles wussten wir durch die Ahnenforschung, zu der die Nazis zwecks Ariernachweis gezwungen hatten.

Für das kleine Kind sind alle diese Dinge ohne Interesse und großenteils unbekannt. Erst im Mittelalter des Lebens erkennt der Mensch, wie sehr er durch seine Ursprünge geprägt wird. Es ist, als ob die Generationen nach und nach wieder aufstünden. Für die Jugend ist Geschichte ein kognitiver oder romantischer Gegenstand. Für die Älteren erwacht eine andere Wissbegierde und Emotion, die manche Offenbarungen mit sich bringt.

Mein Großvater mütterlicherseits wuchs in Belsen im Steinlachtal auf, einem uralten Ort, außerdem der erste Ort jenseits der schwäbisch-alemannischen Sprachgrenze. Mit vierzehn Jahren verließ er Belsen, wanderte zu Fuß bis Mailand und wieder zurück in die Schweiz. Er blieb in Horgen am Zürichsee. Dort lernte er Schuhmacher. Die Wehrdienstverpflichtung brachte ihn zurück nach Deutschland. Er war ein begeisterter Reiter, Ordonnanz beim Reitergeneral von Hiller und ritt dessen Pferde zur Schwemme in der Donau. So, mit seinen Pferden, lernte ihn meine Großmutter kennen. Er sprach wenig, war stets ruhig und gefasst. Als ich vor Angst in den Bombenkeller rannte an jenem schrecklichen 17. Dezember 1944, lachte er mich aus. Jahrelang erhielt er von mir nur ein einziges Geburtstagsgeschenk: Schnupftabak. Ob er fromm war, weiß ich nicht. Ich weiß nur, dass er in den Keller ging und dort Choräle sang, wenn er wütend war. Als er vor seinem Tod wochenlang dalag, fragte er mich – ich war damals schon Abiturient – einige Male nach Jesus. Was ich erzählte, machte ihn dann ruhiger. Bis zuletzt blieb er stocksteif aufrecht. Im Garten kümmerte er sich vor allem um die Obstbäume – vielleicht ein Erbe von Belsen?

Meine Großmutter Katharina, geb. Wolf, war völlig anders. Die Familie Wolf kam aus Rottenburg am Neckar und ließ sich dann in dem kleinen Dorf Breitenholz zwischen Tübingen und Herrenberg nieder. In Rottenburg sollen sie Gastwirte gewesen sein. Rottenburg war in der Reformationszeit ein starker Stützpunkt der Täufer. Durch die österreichische Regierung wurde es wieder katholisch gemacht. Die evangelischen Wolfs flohen.

In Breitenholz wurden sie geachtete Bauern und Bürger. Sie besaßen eine eigene Kirchenbank, die abschließbar war. Als letzte Benutzerin und Schlüssel-Inhaberin habe ich die Dote (Patentante) meiner leiblichen Mutter, die Tante Maria, im Gedächtnis. Sie verbrachte ihr Leben meist in Stuttgart, half als Näherin in gut situierten Familien und zog im Alter zurück in ihre Heimat Breitenholz. Sogar als Kind spürte ich, dass sie sich den alten Breitenhölzern, die nie in die Fremde gekommen waren, überlegen fühlte. Sie war übrigens die Schwester meiner Großmutter. Der Zug in die Fremde muss in den Wolfs gesteckt haben. Der einzige Bruder meiner Großmutter, Hermann Wolf, unverheiratet, wurde ein echter Berliner, kam meines Wissens nie zurück, arbeitete im Hotel Adlon, sammelte Briefmarken und hinterließ mir auf Umwegen eine echte Kiautschou-Marke, die leider beschädigt war.

Über die Wolfs liefen manche Geschichten um. Eine berichtete von einer königlichen Treibjagd im Schönbuch, der Breitenholz wie eine Spange umschloss. Der Großvater meiner Großmutter, der bei der Forstverwaltung arbeitete, wurde als Treiber eingesetzt. Plötzlich griff ihn ein angeschossener Keiler an. Er konnte sich nur dadurch helfen, dass er einige kleine Fichten in einer Fichtenschonung umklammerte, um den Keiler auf Distanz zu halten. Tapfer kämpfte sein treuer kleiner Hund für ihn. Endlich wurde er aus der gefährlichen Situation gerettet. Kollegen und Bauern erfanden den Spruch: »'s wird doch koi Sau koin Wolf net fressa.« Das entsprechende Bild und der Spruch hingen sogar in Breitenhölzer Gaststätten.

Ich habe schon angedeutet, dass ich von der Vaterseite weit weniger weiß. Das hängt auch mit der zurückhaltenden Natur meines Vaters zusammen. Es ist mir bis heute unklar, wie viel er überhaupt von seiner Familiengeschichte wusste. Seine Jugend war nicht leicht. Er lernte Schlosser, verdiente sich selbst das Ingenieur-Studium an der Maschinenbau-Schule Esslingen und fand dann seine Arbeitsstelle in der berühmten Pflugfabrik Eberhardt in Ulm. Eberhardt lieferte vor allem Großpflüge nach Osteuropa und Russland. Auch meine Mutter arbeitete als Sekretärin dort beim Chef. Sie heirateten 1934. Sowohl mein Großvater väterlicherseits als auch mein Urgroßvater, Karl und Matthäus Maier, waren Lokomotivführer gewesen. Beide sozialistisch. Sie ließen sich verbrennen, und als Kind betrachtete ich immer verwundert die kleinen Gräber, die ja nur Urnen aufnehmen mussten. Eine ganze Reihe Lokomotivführer lag da nebeneinander.

Ein gewisses Geheimnis umgab meine Großmutter väterlicherseits. Wir besitzen als einzig sicheren Nachlass von ihr nur Bilder und Fotos, die sie mit großen blauen Augen zeigen. Es gibt eine Reihe von Theorien über ihre Herkunft: 1) Sie stamme aus der Gegend von Wörth im nördlichen Elsass, demnach wäre sie Französin, 2) ihr Vater sei ein Korbmacher aus der Pfalz gewesen, 3) sie sei als Findelkind auf dem Ulmer Kreuz, einem Viertel beim Gänsturm, gefunden worden, 4) sie stamme vom Gänshirten in Ulm ab. – Aber wie das alles? Offenbar war sie unehelich geboren, hatte eine schwere Jugend. Sie wurde dann eine sehr geduldige und treue Ehefrau meines Großvaters, dessen Leben viel unruhiger war und dem sie sieben Kinder gebar, sechs Söhne und eine Tochter. Mein Vater war etwa in der Mitte. Als sie mit 57 starb, heiratete mein Großvater ein zweites Mal, und zwar eine Frau, die von den Kindern aus erster Ehe abgelehnt wurde. Meines Wissens hielt aber mein Vater weiter den Kontakt, bis beide gestorben waren.

Meinen Eltern kann ich nur unendlich dankbar sein. Es bleibt eine Last unseres Lebens, dass wir erst im Älterwerden entdecken, wie sie eigentlich waren und was sie für uns taten.

Noch einmal zu meinem Vater: Manchmal hatte ich den Eindruck, dass er im Familienverband eher im Schatten stand. Im Grunde war er weich, konnte jedoch jähzornig werden. Einmal, als unsere Mutter schon verstorben war, schützte ich meinen jüngeren Bruder Dieter vor seinen Schlägen. Mein Vater wanderte begeistert, war ein geschätzter Wanderführer beim Schwäbischen Albverein, konnte enorme Strecken zurücklegen, hatte aber relativ wenige Freundschaften. Eine dieser wenigen Familien-Freundschaften hörte auf, als sein Freund, wiewohl etwas jünger, ihm als

Abteilungsleiter in der Firma vorgezogen wurde, vermutlich, weil er kommunikativer war.

Mein Vater musste manche Schläge verkraften. Ich höre ihn noch pfeifen, als er völlig überraschend in einem Wald bei Berghülen auftauchte, kurz nach der Kapitulation 1945, irgendwie der französischen Gefangenschaft entronnen. Er wollte wieder in die Pflugfabrik Eberhardt. Seiner Entnazifizierung sahen wir getrost entgegen, weil er kein Nazi und lediglich Mitglied im Nationalsozialistischen Kraftfahrer-Korps war. Da denunzierte ihn jemand aus der Firma in übler Weise. Statt in die Gruppe der Entlasteten, die IV. Gruppe, kam er in die Gruppe der minder Belasteten, die III. Gruppe. Meine Maßstäbe für Gerechtigkeit wurden damals geformt.

Zwar wurde dieses Urteil bald revidiert. Aber es kostete ihn seine Stelle als Ingenieur, er stand wieder wie 1920 als Schlosser im Betrieb, wohl auch gelegentlich hämisch behandelt. So ging er, wurde Vertreter, wozu er überhaupt kein Geschick hatte, und landete schließlich bei der bekannten Firma Kässbohrer, deren Omnibus (Setra-)Signum er entworfen haben soll. Er ging regelmäßig zu seiner Arbeit, bis er 80 war, und wurde danach Handelsschullehrer an einer privaten Handelsschule. Er war überdurchschnittlich historisch interessiert, lernte mit mir zusammen Griechisch und hatte überhaupt Freude an Sprachen. Heute spüre ich Trauer, dass ich aus meiner Beziehung zu ihm nicht mehr machte.

Unsere leibliche Mutter Maria, geb. Witzemann, hat mich wohl am stärksten geprägt. Es sind ja in der Regel die Mütter, die die folgende Generation in erster Linie prägen. Meine Mutter war hochbegabt, konnte aber noch nicht ins Gymnasium. In der Realschule soll sie Klassenbeste gewesen sein. Mit ihren rotblonden Haaren war sie eine Schönheit. Sie lehnte eine Reihe von Heiratsanträgen ab, warum, weiß ich nicht. Meinen Vater hat sie sehr geliebt, vielleicht hatte meine Großmutter ihm gegenüber gewisse Vorbehalte.

1937 kam ich als erstes Kind zur Welt, damals war sie 29 Jahre alt. 1941 folgte mein Bruder Dieter. Kam ich enttäuscht von manchen Auseinandersetzungen auf der Straße heim, tröstete sie mich in ihrer ruhigen Art ohne viele Worte. Sie betete auch mit uns. Aber sie sprach kaum von Gott und ihrem Glauben. Aus meinem ersten Schuljahr 1944/1945 ist mir ein eigenartiges Erlebnis im Gedächtnis geblieben. In der Ulmer Blauring-Schule, in die ich als Lehrertaler eingeschult wurde, hatten wir einen Lehrer, der für uns Erstklässler eine starke Autorität ausstrahlte. Dann begann seine erste Stunde »Weltanschauungsunterricht«. Wie alle anderen ging ich selbstverständlich hin. Es klopfte. Herr Breitfeld, so hieß er meines Wissens, öffnete. Meine Mutter stand an der Tür und sagte, sie wolle mich holen. Ich würde in den evangelischen Religionsunterricht gehören. Ohne Diskussion brachte mich Herr Breitfeld zu ihr, sie nahm mich an der Hand und führte mich ins Zimmer des evangelischen Religionsunterrichts.

Manchmal hatte sie eine völlig abgeklärte Entschlossenheit. Sie gewann andere Menschen in einer seltsam achtungsvollen Zuneigung. Als wir im Februar 1945 nach der dritten

Ausbombung mit anderen Lehrertaler Familien nach Berghülen auf der Blaubeurer Alb gebracht wurden, quartierte man uns im Haus des »Neubauers« ein. Herr Söll, der Hofbauer, war mit dem Volkssturm weg. Die beiden Frauen, die Neubäuerin und unsere Mutter, hatten gemeinsam nur eine einzige Küche. Aber es funktionierte. Beide ziemlich wortkarg, kamen bestens miteinander aus. Als der Bauer und mein Vater wiederkamen, entwickelte sich eine echte Freundschaft beider Familien. Bis zu meinem Abitur im März 1956 verbrachte ich alle Sommerferien bei Sölls in Berghülen, lebte und arbeitete mit ihnen. Weil ich vom Glauben meiner Mutter schrieb: Sie hängte meinem Bruder und mir den Wandspruch »Wenn des Lebens Stürme toben, richte deinen Blick nach oben« ins Zimmer. Ich habe ihn mein Leben lang nicht mehr vergessen.

Ihr Tod mit 41 Jahren im Februar 1950 war eine schwer zu fassende Katastrophe. Heute würde sie vermutlich nicht mehr an diesem kleinen Geschwür im Unterleib sterben. Verstand ich damals richtig, dann kam es nach der zuerst gelungenen Operation zu einer Thrombose oder Embolie. Am 10. Februar 1950 klopfte mein Vater an die Tür des Klassenzimmers. Ich war damals zwölf, mein Bruder acht. Er brachte mich fast wortlos ins Krankenzimmer unserer Mutter. Sie lag still da und sah mich eigenartig, aber schon sehr entrückt an. Dann saß ich draußen auf einer Bank. Ich klopfte noch mal an und wollte mich bei ihr für alles Böse entschuldigen, was ich getan hatte. Jemand sagte: »Sie ist schon tot.« Nach ihrer Beerdigung ging ich vom Gymnasium aus so oft wie möglich zu ihrem Grab auf dem nahen Friedhof, manchmal betete ich da.

Durch die zweite Ehe meines Vaters bekamen mein Bruder Dieter und ich eine zweite Mutter, wie sie besser nicht hätte sein können. Ebenso unsere liebe Schwester Hanne.

So viel zu der »Szene«, aus der ich komme.

Unsere frühen Erinnerungen beginnen in der Regel nicht mit bestimmen Ereignissen, mit den *pragmata,* wie die Griechen sagen. Sie beginnen mit den Personen, die wir zuerst erkennen. Nun muss ich aber doch wenigstens zu manchen Ereignissen kommen, Eindrücken, die weit skizzenhaft zurückreichen. Wenn ich das heute versuche, stoße ich en passant auf ein theologisches Problem, das mir heute fast lächerlich vorkommt. Vom Proseminar an wurde uns beigebracht, dass zwischen Jesus und dem Markusevangelium, das als ältestes galt und um circa 70 nach Christus datiert wurde, 40 Jahre lägen und man von Jesus nur wenig Genaueres mehr wüsste. Ein »garstiger Graben« tat sich zwischen Jesus und den Evangelien auf, erst recht, wenn man Lukas und Matthäus auf circa 80–100 nach Christus datiert und das Johannesevangelium noch später.

Meine Erinnerung passt überhaupt nicht zu diesem Bild der Theologie. Vor mir und in mir stehen Worte, Gesichter, Bewegungen, die teilweise 70 Jahre zurückliegen. Ich kann den Bogen sogar noch weiter schlagen. Was ich Anfang der 50er-Jahre von meinem Großvater hörte, ist mir in manchen Stücken durchaus noch präsent. Mein Großvater wurde 1874 geboren, was er erzählte, passierte teilweise noch im 19. Jahrhundert. Eine Familienerinnerung wird also bis zu 150 Jahren aufbewahrt. Und da soll man bei der Niederschrift der Evangelien, vielleicht 30 oder 40 Jahre nach der Kreuzigung, von Jesus nichts Genaueres mehr gewusst haben? Während Hunderte, wenn nicht Tausende von Zeitzeugen noch lebten? Während die Apostel noch lebten, wirkten, predigten, korrigierten, auf seine Worte achtgaben?[1] Die Theorie, bei der Evangelien-Niederschrift habe man »von Jesus nichts Genaueres mehr gewusst«, widerspricht jeder Vernunft.

Mein früherer Berufswunsch war Architekt. Ich baute gerne mit Sand und Klötzen im Hof des dreistöckigen Hauses, das unserer Familie gehörte. Gegenüber lag ein Schrebergarten, den die Familie anpflanzte. Zum Schrebergarten, später zum Haus, gehörten Hühner, meist Rhodeländer und weiße Leghorn. Ich lernte sie füttern und später schlachten. Wir hatten manchmal andere kleine Tiere. Hunde hielt die ganze Familie aber nie. Bis zum Kriegsende wohnten nur unsere Eltern und wir Geschwister im eigenen Haus. Die Großeltern mütterlicherseits und die Brüder meiner Mutter lebten dagegen im großen Ulmer Justizgebäude, einer Nachahmung des Berliner Reichstages. Dort hatte Opa eine Dienstwohnung. Erst viel später erfuhr ich, dass Schmuckfiguren auf

---

[1] Vgl. Lukas 1,1-4; Johannes 19,35; 21,23; Apostelgeschichte 1,21ff;
     1. Korinther 15,6; 2. Korinther 5,16; 2. Petrus 1,16ff.

dem Justizgebäude vom Großvater meiner späteren Frau geschaffen worden waren.

In dieser Wohnung der Großeltern trat eines Tages ein hochgewachsener Mann durch die Tür. Er trug die Uniform eines Leutnants. Sein Gesicht steht einschließlich aller Falten in meinem Gedächtnis fest, obwohl ich noch keine vier Jahre alt war. Ich durfte auf seinen Schultern reiten. Es war Mutters jüngerer Bruder Hermann. Es war sein letzter Urlaub. Am zweiten Tag des Russlandfeldzuges, im Juni 1941, fiel er beim Sturm auf die Zitadelle von Brest-Litowsk. Das pauschale Geschwätz von den »deutschen Kriegsverbrechern in Uniform« tritt alle Zäune der Moral nieder. Mein Onkel Hermann war der erste Theologe unserer Familie, Tübinger Stiftler (im fünften Semester), kein Nazi wie mancher seiner Professoren, ein Liebling der alten Frau Maier an der Pforte und nach seinem Tagebuch ein gläubiger Mensch. Er ging in den Krieg, weil er musste. Jahrzehnte später, als ich an der Spitze einer württembergischen Kirchendelegation in Weißrussland war und in Metropolit Filaret einen hoch respektablen Gesprächspartner, ja einen Freund fand, hätte ich beinahe Brest-Litowsk samt dem Friedhof besucht. Aber die Zeit war eng.

Ab 1943/1944 wurde der Bombenkrieg auch in Ulm spürbar. Im Hof unseres Hauses beobachteten wir die Bombengeschwader, die nach München oder Augsburg flogen. Als Kinder sammelten wir die glänzenden Silberstreifen des Stanniolpapiers, die sie abwarfen. Unser Bombenkeller war der Hauskeller. Irgendwann fielen einige »Zufalls-Bomben« auf Ulm. In dieser Zeit baute ein Maurermeister, Herr Fahrner, eine Höhle im Lehrer Tal zu einem stabileren Bombenkeller aus. Allerdings war sie etwa eineinhalb Kilometer von unserem Haus und der Siedlung entfernt. Von da an haben sich feste Bilder und erstmals feste Abläufe bei mir eingeprägt. Meine Mutter schob den Kinderwagen, in dem mein am 16. Juni 1941 geborener Bruder Dieter lag. Quer auf dem Kinderwagen lag ein Koffer. Ich selbst klammerte mich an einen Griff des kleinen Wagens und rannte neben meiner Mutter her, die so rasch wie möglich der erwähnten »bombensicheren« Höhle zustrebte. Über ein Radio kam dann die Entwarnung. Einmal sahen wir auf dem Rückweg am Straßenrand getötete Franzosen liegen, die in der Wehrmacht dienten. Auf dem Hinweg hatten sie noch über uns angstvoll rennende Zivilisten gelacht.

Dann, am 13. September 1944, war es so weit. Ich höre noch die Stimme eines Rufers: »Frau Maier, bei Ihnen brennt's.« Tatsächlich hatte ein – oder waren es mehrere? – Bomber auf dem Rückflug von Augsburg (?) restliche Bomben über dem Güterbahnhof ausgeklinkt. Eine davon fiel in die benachbarte Siedlung, eben in unser Haus. Meine Mutter rannte los. Wir Kinder blieben mit anderen vorläufig in der Höhle. Da schnell einige Helfer kamen, konnte man in unserem Haus die Flammen löschen, bevor alles niederbrannte. Doch in der Nacht gloste das Feuer weiter und fraß ein weiteres Stockwerk. Immerhin blieben die Außenmauern und einige Wände und Räume erhalten. Obendrauf kam ein Notdach. Anschließend zogen wir zu den Großeltern ins Justizgebäude. Dort räumte man einfach zwei oder drei der Zellen für Untersuchungshäftlinge, und so hatten wir wieder eine vorläufige Wohnung. Für mich mit meinen sieben Jahren war es fast eine glückliche Zeit. Das Justizgebäude und sein Terrain schienen fast endlos. Im Erdgeschoss befanden sich riesige Truhen mit Tausenden von Briefumschlägen. Stundenlang konnte ich in den Truhen wühlen und mir eine stattliche Briefmarkensammlung aufbauen.

Der Bombenkrieg wurde dichter. Jeden Abend hörten wir die stereotypen Ansagen im Radio: »Feindliche Bomberverbände im Anflug auf…« Schon damals war ich ein Kartenfan und verfolgte auf einer riesigen Wandkarte meines Großvaters den Weg dieser Bomberverbände. Der Zweite Weltkrieg war ja auch ein bewusster Krieg der Alliierten und der Russen gegen die deutsche Zivilbevölkerung – ich nehme an, schon damals gegen das Völkerrecht. Wenn heute die Tageszeitungen von »Kollateralschäden« in der Zivilbevölkerung berichten, wenn bei zwanzig oder dreißig getöteten Zivilisten eine Sitzung des UN-Sicherheitsrates beantragt wird, dann steht manchmal die Frage auf: Warum durfte man uns, der damaligen Zivilbevölkerung, unbegrenzt den Krieg erklären? Und ihn in Form einer gigantischen Treibjagd führen?

Es kam der 17. Dezember 1944. Ich lag schon im Bett. Wieder eine Anflug-Meldung im Radio. Ich sprang aus dem Bett, suchte die Wandkarte. Großvater verzog den Mund, lachte kurz und trocken. »Offenbar im Anflug« auf Ulm: Hatte ich recht gehört? Ich rannte als Erster aus der Wohnung, hin zum Kellereingang in der Mitte des Justizgebäudes, rannte schon über Glasscherben. Blitzschnell war der Keller voll. Man schloss die Tür. Nebenan brenne der Kohlenstadel, ein Stück Altstadt. Der Justizpalast bebte. Putz fiel runter. Dann Totenstille. Ein unheimliches Gefühl und Murmeln begann sich zu regen. Auch als Siebenjähriger hörte ich mit inneren Ohren die Frage: Wie kommen wir hier raus? Dann ein lauter Schrei im Dunkel, den ich nicht mehr vergesse: »Hier ist die Tür!! Kommt raus!« Wenn ich später in Johannes 10,7 von Jesus lese: »Ich bin die Tür«, dann steht mir sofort wieder jener Augenblick im Luftschutzkeller vor Augen.

Das Justizgebäude hatte wenige Schäden. Ringsum aber brannte und glühte es. Was am meisten auffiel: Das Ulmer Münster stand noch. Nur den Chor hatte eine Bombe getroffen, doch die letzte Decke durchschlug sie nicht mehr. Um das Münster soll ein Lichtkranz von Lichtzeichen der Bomber gestanden haben. Verschiedene Erklärungen liefen um. Viele sagten: Die Bomber haben das Münster absichtlich ausgespart. Wir suchten uns in der fast restlos zerstörten Altstadt zu orientieren, suchten, wo man noch Essen kaufen konnte. Die Bergungsarbeiten waren in vollem Gange, wobei viele verwundete Soldaten im Einsatz waren. Öfter lagen die Leichname von Toten neben uns auf dem Pfad, die verbrannten noch etwa ein Meter groß. Man drang unter einer riesigen Schuttmasse auch zu meinem Onkel Kuhnle vor. Er saß im gut erhaltenen Keller ganz ruhig auf seinem Stuhl. Eine Luftmine hatte ihm beide Lungen zerrissen, sodass man genauer hinschauen musste, um zu entdecken, dass er wie alle im Keller tot war.

Einige Räume in und neben der Wohnung meiner Großeltern waren beschädigt, sodass wir dort nicht mehr länger wohnen konnten. In der Haßlerstraße im Westen Ulms wurde eine neue Wohnung gefunden. Wir begannen, Koffer und Möbel dorthin zu schaffen. Da brach Anfang Februar ein neuer Luftangriff über Ulm herein. Auch die Haßlerstraße wurde zerstört, unsere Sachen dort vernichtet. Jetzt reichte es der Verwaltung und der Partei. Die inzwischen ausgebombten Lehrertaler Familien, einschließlich der unseren, wurden per Erlass evakuiert. In großen Holzlastern fuhren wir die Wippinger Steige hinauf und stiegen in Berghülen auf der Albhochfläche aus, mitten im Februar. Einzelheiten weiß ich nicht mehr. Nur so viel: Mutter und wir beiden Brüder – Papa war an der Westfront – kamen zu »Neubauers«, die den Namen Söll führten.

Damit begann ein eigener Teil der Familiengeschichte. Erst viel später erfuhr ich, dass es eine lange Vorgeschichte dieser Familiengeschichte gab. In dieser langen Vorgeschichte trugen die Sölls den Adelstitel, hießen also von Söll. Ihr Stammsitz war Kärnten. Um des Glaubens willen mussten sie das Land verlassen und kamen schließlich nach Berghülen, wo sie im Laufe der Zeit das »von« ablegten. Neubauers gehörten zu den großen Bauern am Ort, nicht zu den kleinen »Kühbauern«. Wir hatten stets zwei Pferde und 50–60 Morgen. Herr Söll war beim Volkssturm. Der 14-jährige Christian, mein jahrzehntelanger Freund, musste den Hof leiten. Er pflügte, drosch und traf die Entscheidungen. Seine treue Hilfe war Nikolaj, ein kriegsgefangener Russe, vielleicht ein Ukrainer. Er mochte uns Kinder und wir mochten ihn.

Unvergesslich ist mir sein Verhalten beim Einmarsch der Alliierten im April 1945. Tagelang war es unklar, ob die Franzosen oder die Amerikaner einrücken würden. Wir ersehnten die Amerikaner. Dann war die Nachricht: »Sie kommen – von Suppingen.« Wer? Wir mussten in den Keller wegen eventuellen Beschusses. Es war der Rübenkeller. Dann hörte man Geräusche. Nikolaj stand auf und ging nach draußen. Er war jetzt kein Gefangener mehr. Einige Zeit verhandelte er mit der Panzerbesatzung im Hof. Bald aber kehrte er in den Keller zurück und forderte uns auf, rauszugehen: »Es sind Amerikaner, sie tun euch nichts.« Er bewegte die amerikanische Panzerbesatzung dazu, den Hof zu verlassen, und stellte sich als unser Schutz an die Straße. Nikolaj wurde später von den Amerikanern festgenommen und an die Russen ausgeliefert. Er lächelte, als er sein Bündel packte, mit Augen wortloser Trauer. Er ahnte wie wir, dass ihn die Russen erschießen würden. Im Kommunismus gibt es keine Vergebung.

Uns passierte tatsächlich nicht viel. Für die Amerikaner bestand trotz der Fliegerangriffe viel Sympathie. Sie promenierten wie kleine Helden die Hauptstraße hinauf und hinab.

Doch einige Tage nach dem Einmarsch erschien der Büttel auf der Straße, läutete mit seiner Glocke und gab als Befehl der Besatzung bekannt, dass morgen alle Uhren, Radios, Fahrräder und was weiß ich noch was abzuliefern wären. Meine Mutter war dumm genug, alles auszuliefern, und behielt heimlich nur eine Uhr. In den nächsten Tagen promenierten die GIs nur noch in kurzen Ärmeln, bis an die Ellbogen umspannt von lauter Armbanduhren. Auch Ulm mitsamt dem Justizgebäude und der Wohnung meiner Großeltern wurde von den Amerikanern besetzt. Man lobte sie als Besatzungsmacht. Auch die Schwarzen der damals noch selbstständigen Farbigenregimenter verhielten sich sehr freundlich zur deutschen Bevölkerung. Allerdings gab es auch Fälle, in denen Schwarze weiße Frauen vergewaltigten. Über Schuld und Unschuld kann ich nicht urteilen. Damals legten amerikanische Soldaten den Grund für eine grundsätzlich positive Einschätzung Amerikas, die meiner Generation in Fleisch und Blut eingegangen ist.

II. IN DER MITTE DER JUGEND

Im August 1945 zog meine Familie wieder nach Ulm zurück. Ich schrieb schon, dass sich mein Vater – für mich bis heute unerklärlich – vom Westen bis zu uns nach Berghülen durchgeschlagen hatte. Er war am Oberrhein hinter der Front als Kraftfahrer eingesetzt gewesen. Nun fanden wir vier zwei Zimmer in der Ulmer Friedenstraße in der Wohnung eines alten Notars. Wieder gab es keine eigene Küche, kein eigenes Bad, kein eigenes Klo, keinen eigenen Keller. Das Notars-Ehepaar war nobel, wir kamen mit einigen Schrammen zurecht. Damals ging ich jeden freien Nachmittag zum Justizgebäude, wo meine Großeltern hatten wohnen bleiben können. Auch mein Pate (Döte) Friedrich Witzemann war früh aus der Gefangenschaft im Allgäu entlassen worden und wohnte jetzt mit den Großeltern zusammen.

Bald gruben wir Ziegelsteine aus den Ruinen. Ich musste zu einem Friseur, der wirklich nett war, aber längst vor meinen Haaren kapituliert hatte – ich musste deshalb hin, weil er uns Bauholz vermittelte. Stück für Stück wurde unser verbranntes Haus geräumt und wieder aufgebaut. 1947 konnten wir dorthin zurückkehren. Nach der vierten Klasse der

Grundschule kam nun die Frage auf meine Eltern zu: Wie sollte es schulisch weitergehen? Meine Mutter sprach sich nachdrücklich fürs Gymnasium aus, und zwar fürs humanistische, und mein Vater stimmte zu.

Damals war unser altbekanntes Ulmer humanistisches Gymnasium noch im Standortlazarett auf dem Michelsberg untergebracht. Fast alle Lehrer waren im Krieg gewesen. Im Rückblick fällt mir auf, dass sie doch verhältnismäßig wenig vom Krieg erzählten. Wiederaufbau hieß das Ziel aller, und Deutschland strebte mit einer unbändigen Lebenskraft danach, das Chaos hinter sich zu lassen. Die traumatischen Spuren des Krieges an der »Heimatfront« verloren sich nach und nach. Sie wurden auch bewusst verdrängt. Einzelnes ging mir bis in die Gymnasialzeit nach. Ich sehe noch den Lehrer, der uns in Berghülen im zweiten Schuljahr unterrichtete, Herrn Ohngemach, auf einen Lastwagen klettern. Amerikanische Soldaten hielten ihre Gewehre im Anschlag. Als Bessarabien-Deutscher wurde Herr Ohngemach an die Russen ausgeliefert. Überlebt hat er diese Auslieferung wohl kaum.

Die andere Seite Amerikas enthüllte sich bei den täglichen Schülerspeisungen. Wir brachten unsere Geschirre mit, die auf dem ganzen Weg klapperten, und in jeder großen Pause erhielten wir Milchbrei oder Ähnliches. Gestiftet wurde dies von den Quäkern und andern religiösen Gruppen Amerikas. Wer in jener eklatanten Hungerzeit an solchen Schülerspeisungen teilnahm, konnte den antiamerikanischen Hass, der später Teile der deutschen Gesellschaft erfasste, nicht mehr unterstützen. Im Rückblick erstaunt mich die völlige Gegensätzlichkeit der amerikanischen Gesellschaft: hier das christliche Mitleid in den Schülerspeisungen und dort der Morgenthau-Plan, der auf die Versklavung der Deutschen zielte. Vielleicht müssen wir auch in Zukunft viel nüchterner mit der Gegensätzlichkeit Amerikas rechnen.

In der zweiten Klasse des Gymnasiums bekam ich die einzige Tatze meiner Schulzeit. Mein Nachbar in der Klasse hatte mich provoziert, sodass ich nicht mehr aufpasste. Meine Eltern waren befriedigt, dass der Klassenlehrer seine Sanktion verhängt hatte. Es war damals ein festes Gesetz, dass die Eltern die Lehrer stützten. Das hat mir eine weitere Begebenheit klargemacht. In derselben Klasse begann die Fußballbegeisterung. Während der großen Pause spielten wir einmal so leidenschaftlich, dass wir gemeinsam das Pausenzeichen überhörten. Das heißt, wir hörten es, gingen aber nicht nach oben. Unser Fräulein Weintraut – so sagte man damals noch – rief uns aus dem Fenster zu, wir sollten heraufkommen. Sie war schmächtig, klein und wirkte bei aller spürbaren Liebe zu ihrem Beruf schüchtern. Wir reagierten nicht auf ihr Rufen. Zu Hause erzählte ich meiner Mutter den Vorfall. Am Nachmittag nahm sie mich bei der Hand, ging mit mir den langen Weg zur Wohnung der Lehrerin. Glücklicherweise war diese zu Hause. Ich musste mich bei ihr entschuldigen, und sie akzeptierte sehr freundlich meine Entschuldigung. Ich war überaus erleichtert. Der Vorfall war eine Art Urtypus von Buße und Vergebung.

Am Ende des Schuljahres erhielt ich zu meiner eigenen Überraschung den ersten Preis. Ich durfte mir ein Buch wählen und wünschte mir einen Karl May. Meine Familie war davon nicht begeistert, auch mein Klassenlehrer, Herr Pfund, richtete einige merkwürdige Sätze an mich. Ich ließ mich aber nicht beirren. Bis heute bin ich überzeugt, dass Karl Mays Bücher zum Frömmsten der deutschen Literatur gehören. Für mich wirkt er geradezu missionarisch. Solche Gesichtspunkte hatte ich damals allerdings noch nicht.

Was weiß ich noch von meiner Konfirmation? Der Unterricht in der Ulmer Pauluskirche enthielt auf jeden Fall zwei spannende Elemente. Das war der Weg zur Pauluskirche und dann der Weg von dort wieder zurück ins Lehrertal. Beide Wege, je circa 2 Kilometer, legten wir im Dauerlauf zurück. Damals entwickelte ich mein Faible für die Langstrecken. Ehrlicherweise muss ich sagen, dass ich in Sport nur mittelmäßig war. Höhepunkte waren meine Hörsaal-Meisterschaft über 5 000 Meter an der Heeres-Offiziersschule in Husum und die Teilnahme an den Kreismeisterschaften über 10 000 Meter in Tübingen. Im Konfirmandenunterricht fand ich es »unter aller Kanone«, wie eine große Gruppe der Konfirmanden mit unserem gutmütigen Pfarrer umging. Von dem, was er sagte, weiß ich nichts mehr. Ich war nur froh, dass ich bei der Konfirmationsfeier ganze sieben Worte aufsagen musste: »Seht zu, tut rechtschaffene Früchte der Buße« (Matthäus 3,8; Luther 1912). Heute heißt der Spruch anders, was mich aber wenig anficht. Damals veränderte man auch das Vaterunser:

Aus »erlöse uns von dem Übel« wurde »erlöse uns von dem Bösen«. Im Laufe der Zeit würde das Apostolische Glaubensbekenntnis folgen. Wie viele Bibelübersetzungen, wie viele Evangelische Gesangbücher ich im Laufe meines Lebens in den Händen gehalten habe, müsste ich erst recherchieren.

Der Grund solcher Änderungen interessierte uns Konfirmanden nicht, wir taxierten sie wie Änderungen der Schulordnung. Doch tief in der Seele lernten wir, dass das Christentum keine feststehenden Texte, keine feststehenden Glaubensbekenntnisse und kaum einen eisernen Liedschatz hat. Zum Positiven der Konfirmandenzeit gehört, dass sich manche lang dauernden Freundschaften bildeten, sogar solche, die über Jahrzehnte hielten. Ein Freund aus jener Zeit ist für mich Jörg Dauner gewesen. Jörg und sein Bruder lebten bei ihren Großeltern im Lehrertal.

Eltern hatten sie keine mehr. Jörgs Vater war Architekt gewesen. Er arbeitete bei einer Firma, die am KZ-Bau in Dachau beteiligt war. Voll Entsetzen erzählte er unter Bekannten vom entstehenden KZ. Das erfuhren die Nazis. Sie brachten ihn selbst ins KZ, wo er starb. Bald darauf starb auch die Mutter. Uns alle in der Siedlung packte die Angst, etwas zu sagen, was dann auch uns ins KZ brächte. Wenn heute so lauthals geschrien wird, dass die deutsche Bevölkerung sich gegen die Nazis deutlicher hätte erheben müssen, denke ich an Jörgs Familie. Und ich denke bei mir selbst: Wer heute so laut schreit, hätte am sichersten zu denen gehört, die damals kein Wort gesagt hätten.

In der Bibel liest man, dass Gott einzelnen Menschen nachgeht. Sein Wort in Hesekiel 34,11 ist geradezu Jesu Programm geworden: »Ich will mich meiner Herde selbst annehmen und sie suchen.« Spuren dieses Suchens entdeckte ich später in jenen Jahren rund um die Konfirmation. So ging ich einige Jahre – oder nur Monate? – in die Kinderkirche. Ich habe keine Ahnung mehr, was dort besprochen wurde. Eins aber sehe ich vor mir, als wäre es heute Morgen gewesen: Ein kleiner dicker Mann stand vor der Tür, durch die wir strömen wollten. Die tobenden Eindringlinge konnten diesen Mann nicht wegschieben. Da stand er mit einem kreisrunden, dicken Gesicht, und dieses Gesicht war ein einziges strahlendes Lächeln. Herrn Thomanns Gesicht mit dem Lächeln, das sich über die Kinder freute, die zur Kinderkirche wollten, blieb mir ein Leben lang ein Symbol für eine Kirche, deren Wesen darin besteht, dass sie einlädt. Eine andere Spur führt mich zu den wenigen Abenden, die ich im CVJM der Ulmer Innenstadt verbrachte. Mein Klassenkamerad Eckhart Steger hatte mich während der vierten Grundschulklasse dazu überredet. Eine Hausaufgabe in jenem CVJM lautete, Psalm 23 auswendig zu lernen. Das fiel mir leicht, und ich bekam dafür ein Kärtchen. Seitdem habe ich Psalm 23 parat.

Innere Schwierigkeiten bereitete mir der Schülergottesdienst. Im Gymnasium hatte ich längere Zeit Gerhard Tempel zum Banknachbarn. Gerhard Tempel war später Oberkirchenrat in Hessen-Nassau. Sein Vater amtierte als Pfarrer in Wippingen. Der Geschwisterkreis war geradezu riesig:

insgesamt zwölf. Die Familie stammte aus dem Baltikum. Der Krieg verschlug sie auf die Schwäbische Alb. Mehrere der Geschwister wurden Pfarrer, mit mehreren verblieb ich in Kontakt. Einer von ihnen machte sogar eine Lehre bei meinem Vater. Gerhard also lag mir ständig in den Ohren, ich müsste mit ihm in den Schülergottesdienst gehen. Ich sah das nicht ein und argumentierte, der sei freiwillig. Das ließ er nicht gelten. Ein Christ müsse zu seinem Gottesdienst. Gelegentlich ging ich dann um unsrer Freundschaft willen hin und ließ mich reichlich dafür loben. In einer tieferen Schicht blieb mir haften, wie treu Gerhard seiner Religion ergeben war. Später musste ich manchmal reflektieren, welche Vorwürfe wir Protestanten den Katholiken wegen deren Zwängen – Gottesdienstbesuch, Beichte usw. – machten. Uns evangelischen Menschen waren solche Vorwürfe jederzeit zur Hand. Immer stärker stieg in mir dann die andere Überlegung auf: Hatte unser protestantisches *Laisser-faire* nicht ebenso viele Menschen auf dem Gewissen wie der katholische Druck?

Meine Mutter lebte schon nicht mehr – sie hat auch die Konfirmation nicht mehr erlebt –, als wir im Lehrertal überlegten, ob wir nicht einen Jugendkreis unter den Konfirmierten gründen sollten. Der kam tatsächlich zustande. Wir hatten vorbildliche Leiter, Carl Bach, Bernd von Pressentin und einen Dieter, dessen Nachnamen ich vergessen habe. Allen war gemeinsam, dass für sie die Andacht Gipfel und Zielpunkt jedes Abends bildete. Ich begann damals erneut zu beten. Dann kam ein Negativfaden in die Abende. Dieter wirkte auf uns zu stur, vielleicht auch zu einfach. Wir beschlossen, ihn abzusetzen. Zusammen mit einem anderen überbrachte ich ihm die Botschaft. Er war verletzt, akzeptierte aber. Mir fiel auf, wie ärmlich sein Zimmer eingerichtet war. Dann begannen wir, uns selbst zu leiten. Zugleich blieben wir Mitglieder des Ulmer CVJM. Es kam dahin, dass ich zum Leiter gemacht wurde. Jene Zeit lebt in meinem Gedächtnis nur in den diffusesten Erinnerungen fort. Verhältnismäßig deutlich erinnere ich mich noch an eine Freizeit, die ich in Urspring auf der Schwäbischen Alb organisierte. Wir trugen uns ins CVJM-Gästebuch ein. Höhepunkt der Freizeit war der Besuch des damaligen Vorsitzenden des Ulmer CVJM. Er hieß Otto Groß, war schlank und hatte feuerrote Haare. Von ihm weiß ich sogar noch einen Satz – ein Wunder bei mir, der ich nur Zahlen und Impressionen im Gedächtnis aufbewahren konnte. Der Satz lautete: »Mein Problem ist, dass es mir so gut geht.« Es war in der ersten Hälfte der 50er-Jahre. Das Wirtschaftswunder war Deutschlands nationales und internationales Markenzeichen. Und da fuhr jener Satz energischer als ein Silvester-Feuerwerk in mich hinein. Binnen Sekunden wusste ich: Er hat recht, und er hat die Vollmacht, das weiterzugeben. Mein Leben lang habe ich jenen Satz nicht mehr vergessen.

Vielleicht ein Vierteljahr danach war ich spätabends noch mit dem Jugendpfarrer Paul Koller unterwegs. Wir wanderten eine Straße in unserem Viertel auf und ab. Ich erklärte ihm, dass ich die Leitung der Jungenschaft aufgebe, dass ich mit dem Christentum nichts anfangen könne und dass ich vom Marxismus überzeugt wäre. Paul Koller konnte mich nicht ändern. Wer von uns ahnte, wie die Linien fortgeschrieben würden? Paul Koller begegnete mir wieder als Personaldezernent des Oberkirchenrats, als ich in der Württembergischen Evangelischen Landessynode saß und mit den Planungen des Oberkirchenrats unzufrieden war. Eine Art persönlichen Verstehens war uns jedoch erhalten geblieben. Ein letztes Gespräch ergab sich, als wir beide mit runden Geburtstagen zu einem festlichen Mittagessen beim Oberkirchenrat eingeladen waren. Ich verteidigte meinen soeben begonnenen Ruhestand – natürlich war es kein richtiger – als schönen, spannenden neuen Lebensabschnitt. »Nein«, widersprach Koller mit Härte, »es ist eine schwere, bittere Lebensphase.«

Ganz schwach taucht noch eine weitere Spur aus jenen Jahren in meinem Gedächtnis auf. Mit sechzehn suchte ich eine Ferienarbeit. Mein Vater arbeitete und tat, was er konnte. Aber finanziell blieben unsere Spielräume eng. Wer würde mich nicht allzu geschickten Schüler nehmen? Irgendjemand erinnerte sich an einen Kaufmann, der vermutlich einmal meine Mutter verehrt hatte. Der bemühte sich sehr, mir bei der Stellensuche zu helfen. Weil er die Altpietistische Gemeinschaft besuchte, ging ich ihm zuliebe auch einmal dort hin. Ich saß dann neben einem netten Gleichaltrigen, dessen Namen ich mir damals nicht merken konnte. Es war Günter Haubensak. In meiner Ulmer Prälatenzeit wurden wir enge Freunde. Auch die Api-Gemeinschaft in der Heimstraße stärkte mich in der Ulmer Zeit immer wieder.

Übrigens fand ich tatsächlich eine Ferienarbeit bei einem kleinen Bauunternehmer, der in der Nachbarschaft wohnte. Es waren unglaublich spannende, aber manchmal auch schwere Wochen mit einem netten Verdienst. Eine Story reihte sich an die andere. Mein Maschinist, für den ich in die Betonmaschine schaufeln musste, wurde gewissermaßen zu meinem Wohltäter. Er vergrub unzählige Bierflaschen im Kies neben dem Betonmischer, fand sie aber alle wieder. Abends kam er sternhagelvoll aus seiner Gaststätte. Laufen konnte er nicht mehr, aber die Freunde hievten ihn aufs Fahrrad, und Rad fahren konnte er noch sehr gut. Mein Kaminstein-Schleppen unterbrach er, indem er mich dringlich an die Betonmischmaschine holte. Ich weiß noch, dass unser Chef jeden Freitagabend mit dicken Taschen erschien und uns den Wochenlohn auszahlte. Genau zur selben Zeit erschien die Frau von Sepp, meinem Maschinisten, gegenüber auf dem Gehsteig und kassierte, für alle sichtbar, Sepps Wochenlohn.

Wenn ich heute auf jene Jahre zurückblicke, dann komme ich aus dem Staunen nicht mehr heraus. Linien und Bruchstücke jener Zeit behielt Gott in seiner Hand, und während ich auf der rasenden Berg- und Talfahrt neuer Erlebnisse war, holte er sie alle wieder hervor und knüpfte sie zu einer fortlaufenden Linie zusammen. Kinderkirche hielt ich später jahrelang selbst, CVJM und Jugendarbeit begleiteten mich jahrzehntelang, Schülergottesdienste gestaltete ich im Pfarramt, Gerhard Tempel wurde Oberkirchenrat, ich Bischof, unzählige Male musste ich Otto Groß recht geben, ich selbst ging Wege mit Menschen, die mir eindringlich erklärten, dass sie mit dem Christentum nichts anfangen könnten, mit Paul Koller saß ich wieder zusammen, die alten Jungenschaftler aus der geschilderten »Revolutions-Zeit« besuchten mich Jahrzehnte später wieder im Bischofsbüro, an der Spitze Bernd von Pressentin hoch in den Siebzigern, nach 39 Jahren kehrte ich wieder nach Ulm zurück, bei den Altpietisten saß ich im Landesbrüderrat, mit Günter Haubensak legte ich in der »Stunde« die Bibel aus. Dabei sehen wir Menschen immer nur die Spitzen der Eisberge. Aber was wir sehen, reicht nach Römer 1,20 zu der Erkenntnis, dass Gott die Mosaiksteine unseres Lebens zu einem geschlossenen Bild zusammenfügt. Wie wird dieses Bild erst in der Ewigkeit aussehen?!

Schulisch liebte ich in der Zeit vor dem Abitur die alten Sprachen, Griechisch und Latein, mehr noch Deutsch. Die Aufsätze flossen mir fast automatisch aus den Fingern. Am meisten jedoch liebte ich Geschichte und Geografie. Ich war nahe daran, Geografie zu studieren. Wenn ich heute sagen müsste, was damals das größere Gewicht hatte, das Schulische oder das Außerschulische, könnte ich es kaum noch sagen. Außerschulisch prägend blieben zum Beispiel meine großen Sommerferien in Berghülen. Ich wäre so gerne Bauer geworden. Unvergesslich meine Geburtstage, die wir in der

Regel auf dem Kartoffelacker verbrachten. Vielleicht hängt meine spätere Abneigung, Geburtstage zu feiern, mit dem Freiheitsgefühl und der Genugtuung zusammen, die ich ausgerechnet an den Geburtstagen auf dem Kartoffelacker erlebte. Das wichtigste Geschäft war freilich die Getreideernte, die ich in allen Stadien mitmachte: erst mit der normalen Mähmaschine, dann mit dem Garbenbinder, dann mit dem Mähdrescher. Der Beginn der Getreideernte war ein feierlicher Akt. Keiner rührte etwas an, bevor nicht Herr Söll vor das Getreidefeld getreten war, die Hände faltete, still betete und dann den Weg frei gab. Wenn ich an diese 50er-Jahre in Deutschland denke, dann glaube ich, jetzt in einem anderen Land und auf einem anderen Kontinent zu leben. Man stelle sich einmal vor, eine Evangelische Akademie würde anstelle der Einführung in die islamischen Festtage einmal das Thema »Das Gebet bei der Arbeit« anbieten?

Zwischendurch fuhr ich mit meinem Freund Dieter in einer Sommerferienzeit mit dem Fahrrad von Ulm nach Rom. Jeder von uns hatte meines Wissens 50 DM dabei. Wir waren drei Wochen unterwegs. Auf manchen italienischen Straßen begegnete uns höchstens alle fünf Minuten ein Auto. Ich weiß noch, dass der Futa-Pass im Apennin anstrengender war als der Brenner. Verona, Venedig, Florenz, die tyrrhenische Küste und Rom bildeten die Highlights. Dieter ging in die Museen, ich kaufte solange das Obst – so hatten wir es abgesprochen. Das meiste bekamen wir von den Italienern geschenkt. Aber von Rom mussten wir mit der Bahn zurückfahren, das zehrte alles Geld auf. Es kam die Grenze und ein bayrischer Zöllner. Ich hatte eine Flasche (Bottiglia)-Rotwein für meinen Vater dabei. »Zweifünfzig«, sagte der Zöllner. Ich sagte: »Ich habe aber nur eine einzige Mark.« – »Gut«, meinte er, »geben Sie mir die Mark.« Gepäck, Wein, wir zwei Freunde und sogar die Fahrräder: alles erreichte glücklich wieder Ulm. Seither bin ich unzählige Male in Italien gewesen, so mancher Weiterweg hat sich dort entschieden.

Gelesen habe ich schon immer gern. Mein Bruder war sehr viel geschickter, schon mit acht Jahren reparierte er unsere Fahrräder. Das reiche technische und handwerkliche Erbe unserer Familie war fast ganz auf ihn übergegangen. Merkwürdigerweise faszinierten mich nur geschichtliche, politische und religiöse Ideen. Damals entwickelte sich ein starker Hang zum Marxismus. Das Kommunistische Manifest von 1847 enthielt für mich mehr Wahrheit und mehr geistig-bewegende Kraft als die Bibel oder irgendein anderes Buch. Noch heute halte ich es in Teilen für richtig. In der Richtung, die es zeigte, wollte ich mich einsetzen. Das bedeutet freilich nicht, dass ich ganz mit dem Beten aufgehört hätte. Beide Welten liefen ein Stück weit parallel. Ein junger Mensch – so scheint es mir heute – fordert zwar Radikalität und Exklusivität. Aber sein Inneres ist weit entfernt davon.

Viel tiefer ging und viel fundamentaler das Leben prägend waren die Liebe zu einem Mädchen und das Finden meiner Frau. Noch heute spüre ich Scheu, darüber zu sprechen. Ich werde es wohl in diesem Buch nur selten tun. Unsere Wege wurden durch einige Äußerlichkeiten zusammengeführt. Mein langjähriger Freund und Sitznachbar im Gymnasium hatte die Versetzung nicht geschafft und befand sich jetzt eine Klasse unter mir. Ohne ihn wollte ich aber die Tanzstunde nicht machen. So meldete ich mich nicht zusammen mit meiner Klasse zur Tanzstunde an, sondern erst ein Jahr später. Zu diesem Entschluss half auch der Umstand, dass ich der Jüngste meiner Klasse war. Mein Freund führte dann die Verhandlungen mit der entsprechenden Mädchenklasse des Mädchen-Gymnasiums. Damals waren Jungen- und Mädchen-Gymnasien noch getrennt und das Leben schon deshalb viel spannender.

Mit meinem Freund und mir verhandelten also zwei Mädchen, eine sehr energische und eine ausnehmend schöne, fast exotische. Am Anfang bevorzugten sie laut und deutlich ein anderes Gymnasium, kamen dort aber nicht an und machten schließlich mit uns die Tanzstunde. Deren Geschichte könnte ein eigenes Buch füllen. Am Ende verlobten wir uns, das auffallend schöne Mädchen und ich als eher schüchterner Musterschüler. Sie war erst seit sechs Wochen sechzehn Jahre alt, ich knappe siebzehn. Im Rückblick auf jene turbulente Zeit und auf die Wirrnisse von Jahren und Jahrzehnten können wir ehrlicherweise nur denken, dass Gott uns zusammengeführt hat.

Das Abitur machte ich mit achtzehn im März 1956. Als Klassenbester sollte ich die Abitursrede halten. Aber aus fadenscheinigen Gründen lehnte ich es ab. Ich weiß nicht mehr, was dabei den Ausschlag gab. Nur die Traurigkeit im Gesicht meines Klassenlehrers, eines im Krieg Schwerverwundeten, sehe ich überhell noch vor mir.

Ich begann in Tübingen Jura zu studieren. Zu dieser Wahl war ich gekommen, weil sich von da aus die breiteste Palette an Berufsmöglichkeiten zu ergeben schien, eventuell sogar zum diplomatischen Dienst, mit dem ich damals liebäugelte. Ich wohnte in der Haaggasse, in der typischen, noch halb ländlichen Tübinger Unterstadt, bei einer freundlichen dreiköpfigen Familie. Dass sie Christen waren, erfuhr ich erst später. Ich hatte meinen Ofen, heizte selbst, meine Waschschüssel, weil es im Zimmer kein fließendes Wasser gab, und alle Geschäfte und Unigebäude ganz in der Nähe.

Eine Zeit lang ging ich zu den Luginsländern, einer hauptsächlich von Theologen gebildeten Studentenverbindung. Ins Stift zu gehen und Theologe zu werden, wie meine Großmutter wollte, habe ich beharrlich und jahrelang abgelehnt, ebenso wie den Weg in ein kirchliches Seminar per Landexamen. Wichtiger waren damals die Besuche in SDS-(Sozialistischer Deutscher-Studentenbund-)Veranstaltungen. Es war die Zeit Rudi Dutschkes. Ich las in den Aushängen des Schwäbischen Tagblatts die Prawda und versuchte, Russisch zu lernen. Das alles faszinierte mich, ohne dass daraus ein vollständiges Weltgebäude entstand.

Auffallenderweise waren auch meine Noten in den juristischen Seminararbeiten weniger überragend, als sie in der Schule gewesen waren. Nur in Volks- und Betriebswirtschaft, die wir als Juristen zwei Semester lang studieren mussten, bekam ich später eine glatte Eins. Irgendwann stieß ich in der Universitätsbibliothek auf die Gesammelten Werke von Marx und Engels, die bibliografisch beeindruckend von einem DDR-Verlag gedruckt worden waren. Gleich der erste Band von Friedrich Engels fesselte mich. Dort standen die Gedichte, die der 14-jährige Engels als Konfirmand über Jesus geschrieben hatte, ganz gläubig und ausdrucksvoll. Ich habe sie nicht mehr vergessen. Es kam mir seltsam vor, dass dies der Ausgangspunkt von Friedrich Engels gewesen sein sollte. Erst einige Zeit später wurde mir klar, dass er während seiner Kaufmanns-Ausbildung David Friedrich Strauß' »Das Leben Jesu, kritisch bearbeitet« (1835/1836) gelesen und darüber seinen Glauben verloren hatte.

Zwei der damaligen Vorlesungen beeindruckten mich besonders. Die eine hatte das Römische Recht zum Gegenstand. Wenn ich mich recht erinnere, wurde sie von Professor Esser gehalten. Mir fiel die scharf umrissene Architektur dieser Rechtsordnung auf. Mir erschien das Römische Recht als der völlige Gegensatz zu einer Sowohl-als-auch-Kultur. Was hart erschien, vermied die Abgründe qualvoller Unentschiedenheit und schwebender, offenbar allen Beteiligten recht gebender Urteile. Die kurzen *dicta* dieses Rechts blieben mir zeitlebens im Ohr: *Pacta sunt servanda – Audiatur et altera pars – Ne quid nimis – Suum cuique – Cui bono?*

Die zweite der erwähnten Vorlesungen betraf die Auslegung des Grundgesetzes durch Günter Dürig. Das Audimax war gedrängt voll. Leicht gebückt, aber wie ein Jäger auf der Fährte, betrat Günter Dürig das Riesenpodium des Katheders. Er war schwer verwundet vom Krieg zurückgekehrt, hielt seine Vorlesung fast salopp, mit hundert Anekdoten durchsetzt von seinem »Bruder, der ein Postmensch« war, das Katheder umgeben von Kaffeedampf aus scheinbar mehreren Kaffeetassen, die er nach Studentensaga zur Betäubung seiner Schmerzen trinken musste, fesselnd von der ersten Minute an. Und völlig die Vernunft gewinnend. Es gab keine andere Vorlesung, die mich ähnlich beeindruckte. Dürig schrieb mit Maunz einen fast legendären Kommentar zum Grundgesetz, der über Jahre die Auslegung bestimmte. Heute wird das Grundgesetz gegen Dürig-Maunz ausgelegt. Und doch denke ich immer wieder an Dürig zurück, der beispielsweise das Gleichheits-Gebot des dritten Artikels unüberbietbar so zusammenfassen konnte: »Gleiches darf nicht ungleich behandelt werden, Ungleiches nicht gleich.« Heute haben Rechtsprechung, Politik und Kirchen den zweiten Satz vergessen.

Nach dem zweiten Semester Jura fasste ich einen abrupten Beschluss: Ich wollte zur Bundeswehr. Meiner Erinnerung nach rückten die Ersten im Frühjahr 1957 ein. Seltsamerweise erhob Gudrun keinen Widerspruch. Ich sehe mich noch im dunklen Anzug nach Wildflecken in der Rhön zur Grundausbildung fahren. Übernommen wurden wir von Soldaten, die bisher beim Bundesgrenzschutz gedient hatten. Eine Art von Momentaufnahmen habe ich noch präsent: Die Auszeichnung des zuerst in der Kaserne eingetroffenen

Kameraden, der nicht lesen und schreiben konnte und deshalb einen Tag zu früh in der Kaserne erschienen war – meine Halsoperation in Bad Brückenau wegen einer zum Glück gutartigen Geschwulst – unser gutmütiger und für einen Soldaten eher zu feinfühlig veranlagter fränkischer Unteroffizier – die Nachmittage am Billardtisch der benachbarten Amerikaner – später die Panzerabwehrausbildung in Amberg/Oberpfalz – irgendwann die Meldung zum Zeitsoldaten – die weiten Fahrten zur Heeres-Offiziers-Schule – mein gutes Abschneiden und Trainieren auf Langstrecken – die spannenden Unterrichtsstunden in Kriegs- und Militärgeschichte – meine überraschend gelobte Einsatzbesprechung am Abschluss der Husumer Zeit.

Aus dieser Reihe von Momentaufnahmen hebt sich ein einzelnes Ereignis ab. Es war ein trüber, wohl winterlicher Tag auf dem Truppenübungsplatz bei Husum. Wir hoben im schlammigen Boden Gräben aus, in denen wir die anrollenden »Feind«-Panzer erwarteten. Wir übten Panzerbekämpfung und sollten die Angst vor anrollenden Panzern verlieren. Als ich an der Reihe war, duckte ich mich in den Graben, bis der Panzer über mir stand. Dann hörte ich ein Kommando und dachte, jetzt müsse ich unter dem über mir stehenden Panzer durchkriechen. Das war zu früh. Der Panzer rollte ein Stück weiter, während ich mich mit Kopf und Helm schon aus dem Graben herausgearbeitet hatte. Normalerweise hätte er mir im schlammigen Boden Kopf und Helm zermalmen müssen. Draußen entsetztes Schreien. Der Panzer hielt wieder. Wie ich dann herauskam, weiß ich nicht mehr. Damals war ich noch kein Christ. Aber der Gedanke ging mir nach: Warum lebst du noch? Wenn es einen Gott gäbe, was hätte er dann mit dir vor?

Ebenso abrupt wie begonnen beendete ich meinen Dienst bei der Bundeswehr. Ich ging ab als Fähnrich und setzte sofort mein Jurastudium in Tübingen fort. Ein Zimmer war in der Stadt nicht mehr aufzutreiben. So geriet ich nach Mössingen, wo ich auf der sogenannten Dachtel wohnte. Ich fand es dort mehr als gut. Mein Souterrain-Zimmer vermittelte den Eindruck, als hätte ich ein ganzes Stockwerk für mich allein. Die Frau des Hauses brachte mir täglich vom Mittagessen der Familie. So brauchte ich eigentlich nur Geld für die tägliche Bahnfahrt zur Uni und für den Friseur. Der Familie Luz konnte ich nie vergessen, was sie für mich getan hat.

Die Mössinger Pausa mit ihren berühmten Stoffen akzeptierte mich als Werkstudenten, wo ich im Akkordlohn – drei Pfennige pro Gefäß – Farben herstellte. Gleich in den ersten Mössinger Tagen hatte ich eine wichtige Begegnung. Ich wusste, dass mein Großvater aus dem nahe gelegenen Belsen stammte und dass in diesem Belsen noch mein Onkel Reinhold Eißler wohnen sollte. Ich ging die zwanzig Minuten bis dorthin und fragte einen Mann auf der Straße nach Reinhold Eißler. Der Mann antwortete: »Der bin ich.« Ab da machte ich regelmäßige Besuche in Belsen. Mein Onkel, Sohn der Schwester meines Großvaters, lebte aufgrund widriger Umstände allein auf seinem kleinen Hof. Ich half nach Möglichkeit mit, in der Heuernte, beim Kirschenpflücken, im Stall, lernte Traktor fahren. Jeden Sonntag bekam ich einen Laib Bauernbrot und eine schwarze Wurst. Onkel Reinhold war Pietist, ging aber nicht mehr in die Stunde. Umso lebhafter war die Unterhaltung über manche weltanschauliche Frage.

Etwas Besonderes war es, wenn sich einige Altersgenossen, ebenfalls Kleinbauern, abends zu Gesprächen im Hof in der Haukengasse trafen. An Ezechiel erinnere ich mich noch deutlich, vermutlich wegen seines biblischen Namens. Auch er stammte meines Wissens aus einer Pietistenfamilie. Er war ein gläubiger Kommunist. Einmal sagte er zu uns: »In Moskau gibt es keine Kriminalität.« Als Jurastudent widersprach ich. »Doch«, sagte er, »in Moskau gibt es keine Kriminalität.« Das sei vorbei im Kommunismus. Im Laufe des Lebens musste ich immer wieder über solche Züge sympathischer Menschen, am Ende sogar unseres ganzen Volkes nachdenken. Wir glauben alles, was man uns auf ideologisch sagt. Auffallenderweise ist es ganz anders, wenn man uns etwas auf technisch sagt.

In jener Zeit begann ich, Kurzgeschichten und Gedichte zu schreiben und sie einigen bekannten Verlagen zuzusenden. Ich bekam manch lobende Worte, mehr aber nicht. Ich freute mich über das Lob und die Ablehnung machte mir nichts aus.

Ein Einschnitt, wie es keinen zweiten mehr gab, erfolgte durch unsere Hochzeit am 28. Mai 1960. Beide Familien, die doch ihrem Milieu nach so grundverschieden waren, stellten sich am Ende dahinter und kamen zu einem harmonischen, glücklichen Fest zusammen. Im äußeren Ablauf gab es überraschende Momente, zum Beispiel, dass ich aufgrund eines Irrtums die Kirche zu früh verlassen wollte, und nachdenklich Machendes, wie zum Beispiel das Auftauchen von Cousinen, von deren Existenz ich bisher keine Ahnung hatte. Den Pfarrer, der uns traute, kannte Gudrun vom Studium am Pädagogischen Institut her. Er machte einen überlegten, vorsichtigen, man könnte sagen: wohltuenden Eindruck. Er schlug als Trautext 1. Mose 12,2 vor: »Ich will dich segnen und du sollst ein Segen sein.« Seltsamerweise merkte ich mir diesen Text und seine Fundstelle. Dass sich dieses Wort später an Ort und Stelle, im selben Ulmer Münster, erfüllen sollte, ist mir heute noch unbegreiflich.

Die Zeit schoss dahin. So rasch als möglich meldete ich mich zum Ersten Juristischen Staatsexamen an. Es fand im Dezember 1961 statt. »Ein Königreich für eine Idee«, sagte mein Prüfer im Mündlichen. Am Ende hatte ich eine »Drei a oben« und den stolzen Titel eines Gerichtsreferendars. Mein Patenonkel war tief enttäuscht. Als Notar mit einem sehr guten Notariatsexamen hätte er von mir mindestens eine Zwei erwartet.

Was tun? Bis zum Antritt des Referendariats blieb noch Zeit. Gott hat diese Zeit auf seine Weise gefüllt. Meine Frau arbeitete schon als Lehrerin in Kayh, einem kleinen Ort zwischen Herrenberg und Tübingen. Drei Klassen hatte man für sie in der kleinen Dorfschule zusammengelegt. Infolgedessen erhielten wir oben in der Schule eine große Dienstwohnung.

Da wir nichts besaßen, konnten wir aber nur in zwei Zimmer gebrauchte Möbel stellen. Es war wunderschön, sogar ein Garten mit dabei. Der Ortspfarrer gab natürlich Religion, insofern ein Kollege meiner Frau. Für das Frühjahr 1962 hatte er ein großes Projekt. Es war gewissermaßen auf ihn vererbt worden.

Zum Hintergrund: Vor Jahren hatte sich der Lamm-Wirt bekehrt. Der hatte dann jemand vom Evangelischen Jugendwerk für eine Evangelisation angefragt. Die Sache war wegen Terminschwierigkeiten Jahr um Jahr verschoben worden. Der Lamm-Wirt starb. Aber jetzt hatte der Evangelist Zeit zu kommen. So kam der Frühjahrstermin 1962 zustande. Zur Vorbereitung lud der Pfarrer alle Interessierten, vor allem die erhofften Mitarbeiter und Mitarbeiterinnen, zu einem Gemeindeabend ein. Eine stattliche Anzahl erschien. Meine Frau meinte, man dürfe den Kollegen nicht allein lassen. Sie nahm mich also zu dieser Veranstaltung mit. Schließlich kam der Pfarrer zu der Frage: »Wer ist bereit, persönlich einzuladen, also nicht nur den Zettel in den Briefkasten zu werfen?« Alles schwieg. Mich ärgerte es, dass keiner von den anwesenden Christen den Mut hatte, persönlich einzuladen. Deshalb meldete ich mich, zum leichten Erstaunen der Anwesenden. Meine Frau und ich gingen dann von Haus zu Haus. »Wenn du eingeladen hast«, sagte meine Frau, »musst du auch hin.« – »Ja, einmal, mehr aber nicht«, lautete meine Antwort.

Wir besuchten also den ersten Abend. Karl Wezel, der Jugendwerks-Evangelist, predigte eindringlich, aber grundnüchtern. Er war Gipser von Beruf. Im Sommer meist auf Jugendlagern, hatte er im Winter gelegentlich Zeit zu Evangelisationen. Wir gingen dann alle Abende hin. Mein Zentralpunkt war: »Hat der recht, dann lebe ich falsch.« Am letzten Abend lud er diejenigen, die mit Jesus Ernst machen wollten, zum Zurückbleiben ein. Er erklärte, was Nachfolge praktisch bedeutet. Ich glaube, damals erzählte er auch vom Wunder seiner Heilung in einer Tübinger Klinik. Er war von allen, auch den Ärzten, aufgegeben, betete als bisheriger Weltmensch in der Nacht, und am Morgen stellten die Ärzte fest, dass er gesund war. Das war der Beginn seines Glaubensweges und der Jesus-Nachfolge. Er hat aber, soweit ich Jahrzehnte mit ihm verbunden war, niemals aus erlebten Wundern ein eigenes Thema gemacht. Wir konnten spätere charismatische Erscheinungen, bei denen Wunder fast zur Anpreisung des Evangeliums dienten, nur mit einer gewissen Distanz zur Kenntnis nehmen.

Eine Aufforderung, nach vorne zu kommen oder ein Bekenntnis abzulegen, gab es übrigens nicht. Dafür knieten meine Frau und ich an jenem letzten Abend, dem 5. März 1962, zu Hause nieder und übergaben unser Leben Jesus. Die Formulierungen weiß ich nicht mehr. Die drei großen G zogen in unser Leben ein: Gottes Wort, Gebet und Gemeinschaft. Die folgenden Wochen waren von zwei merkwürdigen Ereignissen geprägt.

Das erste betraf eine Begegnung mit den Zeugen Jehovas. Wie öfter in unserem Leben waren sie an der Haustür, um uns auf Gott und den Glauben anzusprechen. Wir baten sie herein. Damals – ich greife zeitlich ein wenig voraus – hatte ich mich schon für ein Theologiestudium entschieden. Sie warnten mich davor. Ich könnte meinen jungen Glauben verlieren. Was sollte ich ihnen antworten? Durch Nachdenken, Beten und seelsorgerlichen Rat hatte ich die Gewissheit, dass ich in die Theologie einsteigen sollte. Weil wir noch jung im Glauben waren, hatten wir begonnen, zuerst die kleinen Bücher in der Bibel zu lesen. Damals standen wir gerade am Ester-Buch, und sein viertes Kapitel hatte mich besonders beeindruckt. So gab ich den Zeugen Jehovas spontan zur Antwort: »Komme ich um, so komme ich um« (Ester 4,16). Mit erkennbarem Grausen verließen die Zeugen Jehovas unsere Wohnung.

Meine Frau und ich lachten zuerst. Doch setzte sich dieses Ereignis tief in mir fest. Ich lernte 1) hohen Respekt vor den Zeugen Jehovas, die sich oft als Einzige um die Seele anderer Menschen kümmern. Ein Geschimpfe über die Sekten ließ ich mir mein Leben lang verboten sein. Ich lernte 2) die Achtung vor allen Büchern der Bibel, gerade auch solchen, die man wie Ester als sogenannten »Rand der Bibel« (eine scheußliche Wortschöpfung menschlichen Hochmuts) behandelt.[2] Auch sie sind Lebensworte, und Ester 4,16 ist mir wichtig geblieben.

Das zweite Ereignis betraf unseren geistlichen Anschluss. »Eine Kohle, die allein brennt, verglüht und verlöscht«, hat-

---

2   Jedenfalls seit Johann Salomo Semler, Abhandlung von freier Untersuchung des Canon, 1771–1775.

ten wir in der Evangelisationswoche gelernt. Eines der drei großen G hieß Gemeinschaft. Wo sollten wir sie finden? Wir gingen sonntäglich in die Kirche. Aber war dies schon Gemeinschaft im umfassenden Sinn? An unserem Ort gab es eine kleine Altpietistische Gemeinschaft. Dorthin wurden wir eingeladen. Wir hatten beide keine Ahnung, weder von dem, was eine »Stunde« war, noch von dem, was Altpietismus bedeutete. Unsere erste »Stunde« war komisch und herzanrührend zugleich. Geleitet wurde sie von einem Mann, der eine kleine Kfz-Werkstatt betrieb. Es war Karl Noppel. Sollten wir in den Himmel kommen, hat er einen Anteil daran. Die Stühle waren hart und unbequem. Wir mussten in die erste Reihe sitzen. Aber »erste Reihe« sagt nicht allzu viel, wenn nur etwa zwanzig Personen da sind. Gegen Ende der Stunde wurde ich aufgefordert, auch noch etwas zu sagen. Ich konnte nur wiedergeben, was ich vom Bibeltext verstanden hatte. Das Wichtigste war aber nicht das, ob und was man verstanden hatte, sondern das Wort selbst und die Liebe, die uns entgegenschlug. Wir haben später die größten Schwierigkeiten gehabt, wenn man sich laut oder sogar bitter über die Pietisten beklagte. Wir lernten in unserer Stunde nur eine aufrichtige, ungewöhnliche Liebe kennen, die wir bis heute nicht vergessen können.

In jenen Wochen und Monaten bahnten sich viele Weichenstellungen an. Manches verlief wie bei Narnia von C. S. Lewis in einer Art Untergrund, der uns erst später Einblick gewährte.

Es war der März 1962. Gudrun war eine beliebte und erfolgreiche Lehrerin. Nachdem wir uns bekehrt hatten, stieg sie in die Jugendarbeit ein. Ihre Mädchenjungschar wuchs schnell. In mir fühlte ich eine Hemmung, jetzt ins Gerichtsreferendariat zu gehen. Aus teils erklärbaren, teils unerklärlichen Gründen zog es mich zur Kunstgeschichte. Wir beide entschieden uns, dass ich für ein Semester zu einem Kunstgeschichtsstudium nach Venedig gehen sollte. In Chioggia am Südende der Lagune hatten wir eine Reihe von Bekannten. Obwohl es sich nur um ein Sommersemester handelte, bedeutete diese Zeit tatsächlich eine Zäsur. Immer stärker wurde in uns beiden der Gedanke: Wenn schon ein Berufswechsel, weshalb dann nicht gleich Theologie? In einem »Heimaturlaub« holten wir seelsorgerlichen Rat ein. »Du bist kein Jurist«, wurde mir gesagt. »Mach das, wozu du eine Neigung hast, ob Kunstgeschichte oder Theologie.« Aber wenn ich mich für Theologie entschiede, dann solle ich ein richtiges Universitätsstudium absolvieren. Der Geist der Freiheit, der in dieser pietistischen Seelsorge herrschte, prägte sich tief bei mir ein. Ich habe es niemals ganz verstehen können, wenn mir später von der »Enge« pietistischer Lebensberatung erzählt wurde.

Noch einige Augenblicke muss ich beim Thema »Chioggia-Kunstgeschichte« bleiben. Bei den oben erwähnten Bekannten, zwei alten Schwestern, bei denen meine Schwiegereltern mehrfach gewohnt hatten, erhielt ich das einzige Zimmer im Dachgeschoss, immerhin mit fließend Wasser und direkt neben einer Terrasse. Ich wohnte mitten im alten Chioggia, gegenüber von Don Antonio vom Dom, mitten unter Spitzenklöpplerinnen, neben den roten Dachziegeln die orangenen und schwarzen Masten der *bragozzi* vom berühmten Fischerhafen, der täglich Rom belieferte. Dort schrieb ich meine Gedichte und studierte. Chioggia, das römische Fossa Clodia (im Dialekt sagt man öfter noch Clodia), ist eine uralte Stadt. Wahrscheinlich eine etruskische Gründung, wurde es griechisch, später römisch und byzantinisch, noch später venezianisch. Carlo Goldoni machte es literarisch bekannt durch sein Stück »Der geschwätzige Chioggiotte«. Seine Kirchen weisen manche Schätze auf. In Chioggia residiert sogar ein Bischof. Drei Kanäle laufen dicht nebeneinander und parallel durch die Stadt und geben ihr die Gestalt eines eben zerlegten Fisches mit seinen Gräten. Als ich dort studierte, war die Adria noch voller Fische, Chioggia mit unzähligen Fischdampfern, Fischerbooten und *pescatori* einer der führenden Fischerplätze und Auktionsmittelpunkte Italiens. Maler fanden in der farbigen Stadt ihr Eldorado.

Mich störte es kaum, dass ich wenig Geld hatte. Mein Papa steckte mir immer noch gelegentlich etwas zu. Gudruns Gehalt, am Anfang der 60er-Jahre noch bescheiden, reichte für uns beide gerade hin. Für meinen Aufenthalt gewann noch etwas anderes Bedeutung. Gudrun und ich begegneten beim Baden manchmal einer Gruppe Kinder aus den armen Altstadtgassen. So grüßte man auch deren Eltern. Dadurch traf ich wieder auf einen dieser Familienväter, wie er als *scarica-*

tore in den Gassen Waren ablud und verteilte. Diese Lasten-
träger waren noch als Zunft organisiert. Er nahm mich mit
zum Essen mit Freunden aus seiner *compagnia*. Auf diese
Weise geriet ich erstmals in das Lokal von Nini. Dort aß, wer
arm war und viel essen musste. Nini machte für mich einen
riesigen Pastasciutta-Teller. Als ich bezahlen wollte, sagte er:
»Morgen.« Ich aß dort die ganze Woche und die ständige
Rechnungs-Regelung war: »Morgen.«

Allmählich bekam ich Angst vor der Summe, die hier auf-
laufen musste. Am Ende des Sommersemesters kündigte ich
Nini an, dass ich zum Zahlen käme, er solle die Rechnung
fertig machen. Er erwartete mich und bot mir, wie es üblich ist,
einen Kaffee an. Schließlich fragte ich: »Wie viel?« Nini putzte
weiter seine Theke und sagte: »Nichts.« Fünfundzwanzig Jahre
später fuhr ich erneut nach Chioggia, um die alten Freunde
noch einmal zu sehen, vor allem Erminio, den oben erwähnten *scaricatore,* einen der treuesten Freunde, die ich überhaupt
hatte, und Nini. Ich wollte Nini danken. Er war damals über
achtzig und wohnte in einer Sozialwohnung am Rande der
Stadt. Er kam, obwohl er schon alt war. Wir tranken, wie es üblich ist, einen Kaffee. Ich ging zum Keeper der Bar und wollte
unseren Kaffee zahlen. Der Keeper sagte: »Già pagato« – »Es
ist schon bezahlt.« Nini hat auch diesen letzten Kaffee bezahlt.
Wenn ich später nach einem Beispiel suchte für das, was Jesus
für uns getan hat, dann stand mir oft Nini vor Augen.

Als die Entscheidung fürs Theologiestudium gefallen war,
begann eine neue Zeit. Die Perimeter wechselten.

III. STUDIUM, UNIVERSITÄT, THEOLOGIE

Es war eine unglaubliche Leistung von Gudrun, dass sie dem zweiten Studium nicht nur zustimmte, sondern mit mir den gemeinsamen Beschluss fasste und alles dafür tat.

Fest stand, dass ich konzentriert und diszipliniert studieren musste. In rascher Folge wurden unsere ersten drei Söhne geboren, Philippus 1963, David 1965, Bernhard 1966. Zuvor hatte Gudrun eine Frühgeburt. 1969 folgte dann Gideon.

Als der zweite Sohn geboren werden sollte, hörte Gudrun mit dem Schuldienst auf. Infolgedessen kündigte die Gemeinde die Dienstwohnung und bat uns, binnen vier Wochen auszuziehen. Wohin? Wir beteten: »Lieber Herr, wenn es dich gibt, dann zeig uns eine Wohnung.« Wenige Tage nach der Kündigung erhielt ich eine Postkarte von einem Freund: »Lieber Gerhard, möchtest du nicht nach Gönningen ziehen? Einer unserer Brüder hat dort eine Wohnung, die er gerne einer gläubigen Familie vermieten möchte.« Beide kannten unsere Situation nur teil- und vermutungsweise. So zogen wir im Frühjahr 1965 nach Gönningen bei Reutlingen.

Wie wir insgesamt in diesen Jahren ohne Verdienst durchkamen, ist uns heute noch ein Rätsel. Jedoch traf sich in unserer Kayher Wohnung regelmäßig ein Hauskreis. Verließen diese Brüder und Schwestern das Haus, fanden wir immer wieder Lebensmittel und persönliche Geldspenden. Im Grunde hat uns dieser Hauskreis zu wesentlichen Teilen durchgetragen.

In Gönningen wohnten wir zusammen mit zwei alten Leuten, einfach »Onkel« und »Tante« genannt. Sie aus Posen, er aus Schlesien, beides gläubige Christen. Im Rückblick denke ich: Hat uns Jesus nicht ein besonders großes Maß von Johannes 13,35 erfahren lassen?

Mit dem Minimum von sechs sprachfreien Semestern zog ich mein Studium durch. Ein Semester brauchte ich für mein Hebraicum. Im Juli 1966 legte ich die Erste Theologische Dienstprüfung ab.

Wie viele Ereignisse, Erfahrungen, Erlebnisse drängten sich in jenen knapp vier Jahren zusammen! Es gab noch kein BAföG, dafür eine Studienhilfe der Landeskirche. Der Antrag musste beim Studieninspektor des Tübinger Evangelischen Stifts abgegeben werden. Damals war dies der spätere Kirchengeschichtsprofessor Martin Brecht. Er begegnete mir ausgesprochen höflich und freundlich. Hätte ich ihm jetzt auch so gegenüber gesessen, wenn ich dem Drängen meiner Großmutter gefolgt wäre und das kirchliche Landexamen gemacht hätte? Die Absolventen des Landexamens kamen ja über die Seminare gewöhnlich alle ins Stift, sofern sie Theologie studierten. Aber ob ich dann überhaupt Theologie studiert hätte?

Martin Brecht überraschte mich mit der Frage: »Wer glaubt heute noch an die Wiederkunft Jesu?« Mir war nicht klar, ob er selbst daran glaubte. Ich begriff sein Anliegen jedenfalls so, dass er mir die Schwierigkeiten des Theologe- und Pfarrer-Seins in einer zunehmend unchristlichen Welt klarmachen wollte. Seine Frage verfolgt mich bis heute: Auch in der Kirche? Längst vor den Achtundsechzigern war in Deutschland ein Verhärtungsprozess gegen das Christentum im Gange, begleitet von einem optimistischen Liberalismus und der theologischen Auflösung traditioneller Positionen.

Die ersten exegetischen Vorlesungen warfen elementare Grundlagen meiner juristischen Hermeneutik über den Haufen. Juristisch galt: Erst die Tatsachen feststellen, dann ein Urteil fällen. Theologisch galt: Es kommt auf die Tatsachen gar nicht an, wenn man das Kerygma entdecken will. Mehr und mehr brachte mich das Theologiestudium dazu, mein juristisches Studium zu schätzen. Es kam das neutestamentliche Proseminar, gehalten von Otto Michels Assistenten, einem riesigen Pfälzer, Herrn Schmidt. Er stellte mit uns die Arbeitsschritte einer Exegese zusammen. »Was brauchen wir noch?«, fragte er zum Schluss. Schweigen. Er gab selbst die Antwort: »Den Heiligen Geist.« Ich vergesse das dem großen Pfälzer nicht.

Es kam viel später ein praktisch-theologisches Proseminar. Wieder ging es um methodische Vorüberlegungen. Unser Seminarleiter räumte gleich zu Anfang mit falschen Voraussetzungen auf: »Aber kommen Sie mir nicht mit Jesus oder dergleichen.« Als Ziel der Predigt nannte ich dennoch eigensinnig: »Sich unter die Herrschaft Jesu stellen.« Ab dem vierten (oder schon dritten?) Semester arbeitete ich als Tutor für Michels damaligen Assistenten Helgo Lindner. Die Exegese blieb mein Lieblingsfach. Manchmal leuchtet mir noch als Erinnerungsstrahl auf, wie wir nach Ernst Käsemanns Vorlesung zu dem jungen, unkonventionellen Joseph Ratzinger, gewissermaßen in eine Lichtwelt, strömten. Rückert, Ebeling waren da stark, wo sie Kritik übten. Gelegentlich ging ich zu den Historikern. Sie waren ruhig bei allem Engagement, sachlich auch bei ihren Seitenhieben.

Das Examen verlief ungewöhnlich. Am dritten Tag wurde Bernhard, unsere Nummer drei, geboren. Beim Besuch in der Stuttgarter Rosenberg-Diakonissenklinik brachte ich Gudrun ein Schreiben von Professor Michel mit. Er bot mir an, als Nachfolger Helgo Lindners sein Assistent am neutestamentlichen Lehrstuhl zu werden. Damals war ich noch nicht einmal bei ihm im mündlichen Examen gewesen! Ich sagte zu. Dadurch verschob sich mein Vikariat um zwei Jahre, denn die Assistenten-Verträge wurden als Zweijahresverträge abgeschlossen. Am 1. September fing ich gleich an. Ein Vorteil war, dass wir in Gönningen wohnen bleiben konnten. Dort hatte sich inzwischen die Situation ergeben, dass ich sonntags in der Stunde allein auslegen musste, weil unter den Gönninger Geschwistern bestimmte Dinge Unstimmigkeiten, zum Teil schon seit Jahren, hervorgebracht hatten. Es war eine Bewahrung Gottes, dass Gudrun und ich zu allen Beteiligten weiterhin ein gutes Verhältnis hatten.

Ich brauchte nun ein Auto. Mit dem Saxomat fuhr ich besser, als man bei meiner Ungeschicklichkeit annehmen konnte. Doch ereignete sich ein Unfall, der sich später in Baiersbronn wiederholen sollte. Im Winter versagten einmal meine Bremsen. Das Auto fuhr zur Hauptverkehrszeit, als viele die Gönninger oder Genkinger Steige hinabfuhren, wie im Schuss in die Hauptverkehrsstraße hinein und dort wieder ein Stück bergauf. Mir gefroren beinahe die Adern. Aber wir blieben beide, das Auto und ich, unverletzt. Hatte mir Gott nicht erneut das Leben gerettet?

Im Tübinger Theologicum hatte ich mein Zimmer neben Oswald Bayer, der damals ebenso Assistent in der Fakultät war. Mit Feuereifer ging ich an die Doktorarbeit, die für alle Assistenten vorgesehen war. Noch mehr zogen mich die Lehrveranstaltungen an. Gleich zu Beginn hielt ich ein Proseminar mit dem Thema »Die Wundergeschichten im Johannesevangelium«. Natürlich war der Besuch gut. Die Fragen aus dem Studium, nicht zuletzt die hermeneutischen, stiegen neu auf. Ich begann für mich persönlich und für das Seminar mit den Stellungnahmen der Naturwissenschaftler. Ergebnis: Für viele Naturwissenschaftler waren Wunder denkmöglich, aber »Ob sie passiert sind, müssen die Theologen sagen«. Und die Theologen? Bis circa 1700 waren sie kritisch gegenüber heidnischen Wundern, aber unisono überzeugt von alttestamentlichen, neutestamentlichen und christlichen Wundern. Und ich? Ich hätte die Wunder meines eigenen Lebens leugnen müssen, wenn ich eine wunderkritische Position eingenommen hätte. Sollte ich das Ergebnis meiner Gebete, letztlich sogar das Wunder meiner Bekehrung durchstreichen? Ich sah die innere Unmöglichkeit solcher Streichungen. Das alles aber drängte weiter auf eine grundsätzliche hermeneutische Klärung zu.

Otto Michel verdanke ich viel. Er förderte mich als Tutor und als Assistent. Er wurde mein Doktorvater und brachte meine Doktorarbeit in die Fakultät ein. Er stand hinter dem Bengel-Haus, dem ich seit 1973 angehören sollte. Und, was mir erst später in seiner Bedeutung aufging: Er zog mich auch zur Mitarbeit im Institutum Judaicum heran. Dadurch tauchte ich in die Arbeit mit Josephus, dem Talmud und überhaupt dem Judentum ein. Aber spannungsfrei war unser Verhältnis nicht. Bei Michel saßen meines Erachtens bestimmte Elemente seiner Bultmann-freundlichen Vergangenheit zu tief. Ich erinnere mich an einen späten Abend nach einem Seminar über die Endzeitreden Jesu, konkret Markus 13. Für Michel war Markus 13 nicht von Jesus, sondern ein aus der Apokalyptik übernommener Stoff. Eine Stunde lang diskutierten wir auf der nächtlichen Straße. Ich fragte: »Warum hat der Evangelist in Markus 13 ausdrücklich geschrieben: ›Jesus sagte zu ihnen?‹ Kann man, wenn man dies für falsch hält, dann nicht alle Jesus-Worte für un-jesuanisch erklären?« Michel schwieg einige Zeit. Was er danach sagte, hatte mit Markus 13 nicht direkt zu tun und ließ mich mit meinen offenen Fragen zurück.

Überraschenderweise rief mich schon im Frühjahr 1968 der Personalreferent unserer Landeskirche an mit der Bitte, möglichst jetzt schon ins Vikariat zu kommen. Otto Michel erhielt einen entsprechenden Brief. Michel meinte, das sei möglich, wenn er rasch genug einen Nachfolger für mich fände. Er fand ihn dann relativ schnell.

Unseren Personalreferenten kannte ich übrigens aus der Nachbarschaft meiner Schwiegereltern. Er wohnte im Haus neben ihnen. Als Nachbar war er sympathisch, jovial, wohltuend in jener Stuttgarter Wohngegend. Ich erinnere mich außerdem, wie er die Frischexaminierten im Tübinger Stift seitens der Landeskirche willkommen hieß. Dabei blieb mir ein Detail haften. Er warnte uns vor der manchmal unangebrachten Bescheidenheitsgestik der evangelischen Pfarrer und fasste seine Ratschläge in dem Satz zusammen: »Entschuldigen Sie sich nicht dafür, dass Sie da sind.«

Seine Freundlichkeit hat er auch im Dienst nicht vergessen. Er fragte mich glatt: »Wohin wollen Sie als Vikar?« Ich antwortete: »Ich bin nicht festgelegt. Nur nach Hohenlohe und in den Schwarzwald will ich nicht.« Dahinter steckte nicht nur ulmerische Emotionalität, sondern auch die Überlegung, angesichts unserer kleinen Kinder nicht zu weit weg von den Schwiegereltern sein zu wollen. Wir einigten uns vorläufig auf das Remstal. Danach kam ein neuer Anruf. Im Schwarzwald sei ein Notfall, ob es dort doch möglich wäre? »Kaum«, versuchte ich ehrlich zu bleiben. »Gut«, sagte er gefasst. »Aber Herr Maier, bitte sehen Sie sich die Stelle doch wenigstens an, dann haben wir alles Erforderliche getan.« Das konnte ich nicht ablehnen.

An einem Tag im März hatten wir unsere Erkundungsfahrt in den Schwarzwald organisiert. Wie immer schlug ich die Losungen auf. Wir trafen auf die Losung aus Jesaja 52,12: »Der HERR wird vor euch herziehen und der Gott Israels euren Zug beschließen.« Ich sah Gudrun an und fragte sie: »Können wir jetzt noch ablehnen?« Sie schüttelte den Kopf. So fuhren wir nach Baiersbronn mit dem Wissen, dass wir dort hinmussten. Pfarrer Dinkelaker, mein künftiger Vikarsvater, litt schwer an Asthma und befand sich zur Kur auf Amrum. So empfing uns seine Tochter im Pfarrhaus, die uns später viel Gutes erwies. Pfarrer Dinkelaker hatte circa 5000 Evangelische im damals kirchlich noch ungeteilten Baiersbronn, war gesundheitlich schwer angeschlagen und stand vor überdurchschnittlich vielen Aufgaben. Das war der Notfall unseres Personalreferenten. Eine Vikarswohnung? Fräulein Dinkelaker brachte uns zur Schmidbäuerin. Die hatte ein neues kleines Haus am Ende des Hofes gebaut. Das reichte für uns. Dienstantritt? So rasch als möglich. Am 1. April 1968 begannen wir in Baiersbronn. Was wir zuerst abgelehnt hatten – in den Schwarzwald zu gehen –, wurde zu einem unermesslichen Segen für uns. Wir spüren ihn noch als Achtzigjährige.

IV. BAIERSBRONN

Der Möbelwagen schaffte an der Horber Steige nur fünf Kilometer in der Stunde. Eines unserer Kinder spuckte. Gudrun war allein beim Möbeltransport dabei. Denn seit 1. April war ich nun tatsächlich Vikar in Baiersbronn. Genauer gesagt: wir waren zu zweit als Vikare in Baiersbronn. Ein anderer, der schon einige Monate im Vikariat zugebracht hatte, war mit mir zusammen entsandt worden. Unsere Absprache: Er die Beerdigungen – das war mir lieber –, ich die Passionsandachten. Überhaupt sollte ich möglichst viele Verkündigungsdienste übernehmen, da er bei Rückkehr von Pfarrer Dinkelaker wieder abgezogen würde. So hielt ich ab sofort jeden Abend in der Marienkirche die Passionsandacht. Mein Teamgenosse war der Organist Martin Gaiser, Malermeister, Autodidakt, Sohn eines langjährigen Kirchengemeinderats. Ich habe Martin Gaiser mein Leben lang bewundert, wozu auch die Tatsache half, dass ich ganz unmusikalisch bin.

Schon am vierten oder fünften Tag stand der erste Gottesdienst auf dem Programm, Gründonnerstag oder Karfreitag. Martin Gaiser staunte, als ich ihm die Lieder zeitig vorbeibrachte. Aber wie macht man einen Gottesdienst? Wie läuft er ab? Vom Studium her hatte ich keine Ahnung. Nach meiner Erinnerung habe ich im ganzen Studium nur ein einziges Mal eine Predigt gehalten, in der Schlosskapelle von Hohentübingen, wo mein lieber Herr Olpp Mesner war. Unsere damalige Predigtübung hatte Professor Jetter geleitet, selbst ein bekannter Prediger.

Wie stets bei unseren Predigtübungen fand die Nachbesprechung im gastlichen Hause Jetter statt. An jenem Abend sollten zwei Predigten besprochen werden, eine vor mir gehaltene und dann meine. Die Predigt vor mir wurde ausführlich und lebhaft besprochen. Als meine Predigt an der Reihe war, sagte Jetter: »Die Predigt von Herrn Maier lohnt sich nicht. Lassen wir's!« So aßen wir nur noch Gebäck und tranken Tee. Als Note erhielt ich wohl ein »Ungenügend«. Aber jetzt, in Baiersbronn, ging es erst mal um den chronologischen Ablauf. Wie sollte ein Marxist, der kaum Kirchengewöhnung hatte, mit der Liturgie vertraut sein? Wie froh war ich da am Evangelischen Kirchengesangbuch! Ich schrieb mir aus dessen Anhang den Ablauf des Predigtgottesdienstes ab. So mache ich's bis heute, denn es ist seit Baiersbronn zu einem Teil meines Lebensstils geworden. Die Marienkirche und auch die zweite Kirche im Tonbach waren bis zum letzten Platz besetzt. Zu Gudrun sagte ich danach: »Du, das war nichts.« Ich hielt meine Predigt für total misslungen, ja für Gott schädlich. Vorsichtig deutete sie an, dass die Leute vielleicht anders dächten. Aber die Schwarzwälder sind schweigsam. Was dachten sie wirklich? Wir waren nun einmal hier, mussten weitermachen. Und Gott gab mir ein Gemüt, das vergessen konnte. Ich musste mir ehrlich eingestehen: Meine Arbeit in der Gemeinde machte mir Freude, auch wenn sie schlecht war. Die eigene Beurteilung kann niemals der letzte Maßstab sein.

Pfarrer Dinkelaker kam aus Amrum zurück. Geheilt war er nicht. Er versuchte dennoch, mich nach Möglichkeit ins Pfarramt einzuführen. Bald war Pfarrkonvent. Am zweiten Tag läutete vormittags das Telefon. Pfarrer Dinkelaker ging hinaus. In der Mittagspause sagte er zu mir: »Herr Vikar, das ist ein Fall für Sie.« Ein Todesfall. Meine erste Beerdigung, vor der ich seit Wochen Angst hatte. Aber nun konnte ich nicht ausweichen. Der Fall gehörte zum Parochialvikariat Tonbach, zu meinem Parochialvikariat nach geltender Regelung. Die Umstände erwiesen sich als einigermaßen ungewöhnlich. Die Tochter einer Gastwirtsfamilie in einem Hotel des Tonbachtales, nicht des größten, aber eines ziemlich beliebten und geschätzten, fast schon als Geschäftsführerin tätig, war nachts kurz vor dem Ortseingang von Baiersbronn tödlich verunglückt. Niemand wusste warum. Sie war ganz allein. Offenbar nichts Belastendes im Spiel. »Warum?« Ich konnte nur sagen: »Ich weiß die Antwort auch nicht, ich weiß nur, dass uns Gott durch alles, was geschieht, näher zu sich ziehen will.« Der Friedhof war schwarz von Menschen. Immer noch sehe ich über mir und über den Menschen die Wipfel der Tannen, wie sie sich bewegen. Diese Beerdigung wurde für mich ein Schlüssel zum Tonbach.

Bald war ich wieder allein. Für Pfarrer Dinkelaker waren das Klima und das tief eingeschnittene Murgtal mörderisch. Er musste seinen Dienst in Baiersbronn beenden. Doch jetzt traten andere Kräfte auf den Plan. Ein anderer Vikar erschien in unserer Mehr-als-fünftausend-Seelen-Gemeinde, theologisch ganz anders, aber bemüht um Kooperation. Da war vor allem ein in der Hauptsache geschlossener Kirchengemeinderat, unüberwindlich wie einst der Schwarzwald in der frühen Römerzeit. Wofür der Schwarzwälder sich einmal entschlossen hat, dafür steht er auch. Wir leiteten die Umwandlung des Parochialvikariats in eine zweite Pfarrstelle ein und hatten damit raschen Erfolg. Gleichzeitig bestand ich die Zweite Theologische Dienstprüfung und wurde gleich auf dieses zweite Pfarramt ernannt, zusammen mit der Geschäftsführung für die Gesamtkirchengemeinde. Einige Wochen zuvor war ich zum Dr. theol. promoviert worden.

Noch heute sind mir manche Einzelheiten ein Geheimnis. Ich weiß noch, dass ich Otto Michel einen ersten Entwurf schickte, wunderschön gebunden durch einen Freund, den Fabrikanten Walter Marx. Michel leitete diesen ersten Entwurf als abgeschlossene Dissertation der Fakultät zu, die über die Bewertung der Dissertation mit *magna cum* oder gar *summa cum laude* diskutierte. Unglaublich rasch musste ich zur mündlichen Doktorprüfung nach Tübingen. Dort hätte mich Heiko Augustinus Oberman in Kirchengeschichte beinahe aufgegeben, denn ich wusste rein gar nichts. Die 100-Stunden-Woche im Pfarramt erlaubte keine Vorbereitung auf die Doktorprüfung und das im Studium Gelernte hatte ich nahezu vergessen. Nur eine kleine Bemerkung von mir rettete – nicht ohne Obermans Verständnis – die Situation.

Zurück zu Baiersbronn: Das zweite Pfarramt bedeutete auch den Umzug in eine neue Wohnung. Denn die bisherige bei der Schmidbäuerin befand sich im ersten, das hieß jetzt: im falschen Bezirk. Es kam ein grauenvoller Schneewinter. Öfter kam ich nicht mehr zur exponierten Hanglage hinauf, in der die vorläufige Pfarramts-Wohnung lag.

Fast täglich besuchte mich ein Knacki. Die Bildzeitung nannte ihn »den dümmsten Taxiräuber Deutschlands«. Denn er hatte ein Taxi entführt, dirigierte es an ein Ziel, das ihm vorschwebte, und dann bekam der Taxichauffeur angeblich Schwierigkeiten mit dem Auto. Vielleicht war es Winter. Er bat den Knacki, der schon manche Vorstrafen hatte, auszusteigen und zu schieben. Der stieg aus, schob, und schon war das Taxi über alle Berge. Die Gewalttätigkeit, die unserem Taxiräuber auch im Blut lag, nützte da nichts mehr. Ich bemühte mich, ihn wieder in Beruf und Alltagsleben hineinzubekommen. Vergeblich. Bald sah ich ihn nicht mehr. Aber wenigstens hatte ich die Erfahrung gemacht, dass unsere Diakonische Bezirksstelle hervorragend arbeitete.

Die Kinder genossen diesen Schneewinter. Sie waren überhaupt glücklich in unserem Höferweg. Ein großer Erfolg war es, dass sie einen jungen Mauersegler retteten und aufzogen, bis er erwachsen frei davonflog. Für mich war die Konfirmation im Frühjahr ein Höhepunkt. Weil die Marienkirche voll im Umbau war, mussten wir die Schwarzwaldhalle nehmen. Sie füllte sich mit über tausend Menschen. Riesig groß wehte über der Bühne unsere Kirchenfahne. Waren es sechzig Konfirmanden oder mehr? Damals hatte die deutsche Gesellschaft noch nicht beschlossen, Kinder abzuschaffen. Im Rückblick sehe ich erst, wie viele schöne Stunden uns Jesus schenkte, obwohl ich vor den meisten zitterte.

Unter der Oberfläche beunruhigte den Kirchengemeinderat noch eine ganz andere Frage. Das jetzige erste, das jahrhundertelang einzige Pfarramt stand leer. Irgendwann bekam ich mit, dass der Kirchengemeinderat beim Oberkirchenrat in Stuttgart den Antrag gestellt hatte, man möge mich zum ersten Pfarrer werden lassen. Das war ein ausgesprochen schwieriger Antrag. Denn erstens sollte ein Vikar beim Ständigwerden wechseln, also nicht auf seiner »Lehrlingsstelle« bleiben. Zweitens war ich ja gerade eben auf die zweite Pfarrstelle ernannt worden. Der Kirchengemeinderat ließ nicht locker. Klugerweise hielt er mich mit allen Mitteln von dem Vorgang fern.

So überraschte es mich, dass sich plötzlich der zuständige Prälat für einen Besuch anmeldete. Er legte mir die Unmöglichkeit des Verfahrens dar und ich musste ihm recht geben. Viel gesprochen wurde nicht, weil wir beide keine Freunde vieler Worte waren. Kurz darauf gab der Oberkirchenrat den Weg frei und ich wurde zum ersten Pfarrer gewählt. Ganz zu Ende aber war das Thema Pfarrstelle damit noch nicht.

Am nächsten Morgen nämlich meldete sich der Kirchengemeinderat von Simmersfeld und fragte einstimmig bei mir an, ob ich auf ihre Pfarrstelle wolle? Wären sie 24 Stunden eher dran gewesen, hätte ich wohl zugesagt. Jetzt aber zeigte Jesu Führung eindeutig auf Baiersbronn.

Menschen, Ereignisse, Wegweisungen stehen mir in unglaublicher Fülle vor Augen. Und doch sind es nur noch Splitter, die ich klar bekomme.

Eine Erinnerungsspur führt noch einmal zurück ins Parochialvikariat im Tonbach. Plötzlich streikten Magen und Galle. Ich wurde so krank, wie seit der Kindheit nicht mehr. Sollte ich den Dienst quittieren? Dennoch fuhr ich zum Gottesdienst nach Tonbach. Als ich auf die Altarbibel blickte, las ich fett gedruckt die Worte: »Ich werde nicht sterben, sondern leben und des Herrn Werke verkündigen« (Psalm 118,17). Blitzartig wusste ich, dass ich am Leben bleiben und den Dienst nicht quittieren sollte. Die Magenschleimhaut blieb aber zwanzig Jahre lang ein Patient!

Im Tonbach ging ich von Haus zu Haus, fuhr noch am 1. Mai durch Schnee, besuchte die Eltern aller Schüler, trieb Sport mit meinem Jugendkreis, wurde oft eingeladen, erlebte Kurgäste und musste manches bei mir korrigieren. Wenn meine alten Leute zu arm waren, um mir ein Vesper zu machen, und nur Kirschwasser anboten, um mir etwas Gutes zu erweisen, dann trank ich, obwohl ich sonst Alkohol streng aus meinem Dienst verbannte. Ich hätte nie gedacht, dass Jesu Wort »... wenn sie etwas Tödliches trinken, wird's ihnen nicht schaden« (Markus 16,18)[3] noch heute bei seinen Pfarrern in Erfüllung geht.

Übrigens sprachen die Tonbacher fränkisch, denn sie wurden als Holzfäller aus dem Fränkischen von der Calwer Holzkompanie angesiedelt. »Herr Maier« konnten sie nicht sagen. Sie sagten stattdessen »Herr Mà-jer«. Die Erweckung kurz nach dem Ersten Weltkrieg hatte sich bis ins Tonbachtal ausgewirkt. Viele waren (oder mussten sie?) damals zu den Methodisten und zur Volksmission gestoßen. Bei den Hausbesuchen machte ich aber wenig Unterschiede, das wäre auch ganz falsch gewesen, denn ich hatte ja ihre Kinder in der Schule und war mit ihnen in der Allianz zusammen. Die Erweckung ging bis in die Gastwirtsfamilien hinein. Der alte Traubenwirt – heute ist die »Traube« geradezu weltberühmt – hatte für die Vikare im Tonbach einmal in der Woche ein kostenloses, volles Mittagessen angesetzt, einschließlich einem Viertel Wein. Da wir seit Gideons Geburt eine sechsköpfige Familie waren, wollte ich das nicht mehr in Anspruch nehmen, obwohl mir auch der junge Traubenwirt äußerst freundlich begegnete. Wir sprachen uns ab, dass wir dafür als Familie einmal monatlich freundschaftlich und kostenlos in die Traube kamen. Irgendwann wurde dieses Agreement – geradezu eine Art »Gewohnheitsrecht« – nach unserem Wegzug aufgegeben. Warum hat unsere Kirche so

---

[3] Obwohl aus dem sogenannten unechten Markus-Schluss stammend, ist es doch in der Tat ein Jesuswort.

wenig Gespür für solche Dinge? Warum um alles in der Welt liegt im Protestantismus dieser Zug, sich von den Menschen und damit auch vom Menschlichen immer mehr zu entfernen und stattdessen alles zu »konzentrieren«?

Der dritte Wohnungseinzug in Baiersbronn war fällig. Auf 1. April 1970 zogen wir im zweihundertjährigen Pfarrhaus I ein. Bald war auch die Marienkirche fertig. Professor Heim hatte den Umbau mit erstaunlichem Feingefühl und zugleich technisch up to date geleitet, gerade so, wie es Baiersbronn brauchte. Oft hielt ich noch sonntäglich zwei Gottesdienste, in Baiersbronn und Tonbach, bis das zweite Pfarramt besetzt war. Oft ging ich auch Sonntagnachmittag in die Hahn'sche Gemeinschaft. Es war die einzige pietistische »Stunde« am Ort, und ich sah dort meinen Platz. Ihr Leiter war weithin bekannt. Karl Möhrle – Gastwirtssohn, Theatermaler in Berlin, der später viele Kirchen ausgemalt hat – in seiner originellen, erfrischenden und tiefgründigen Art wurde für mich eine Art geistlicher Vikarsvater. Ihm verdanke ich, der im Studium genau genommen keine Praktische Theologie erlebt hatte, meine Predigtlehre, an die ich mich mein Leben lang hielt: »Tritt fest auf, tu's Maul auf, hör bald auf.« Er erzählte mir einmal von einem Vorgänger, ebenfalls Vikar, der gesagt habe: »Die Leute haben meine Fußspuren geküsst.« Für mein Leben lang wusste ich, was ich vermeiden sollte. Ich habe Karl Möhrle dann beerdigt. So viele Menschen habe ich nie wieder auf einer Beerdigung auf dem Friedhof gesehen. Noch Jahrzehnte später kam es

vor, dass jemand sagte: »Bei Karl Möhrles Beerdigung war
ich auch in Baiersbronn.«

Eines der größten Geschenke wurde unser Mittwoch-Bi-
belkreis. Den Anstoß gab Dieter Faißt, ein ganz treuer Mitarbeiter in der Jugendarbeit. Er schlug vor, im Gemeindehaus
eine Einführung in biblische Schriften anzubieten. Am Anfang war dies nur für Jugend-Mitarbeiter gedacht, und wir
jagten alle fort, die dazustoßen wollten. Eines Tages bat mich
Frau Kade aus der großen Sozialsiedlung Am Rechen, ob sie
nicht doch dazukommen dürfe. Ich wies darauf hin, dass ich
ja monatlich eine Bibelstunde Am Rechen hielte. Ein Foto von
der Tür des Hauses, in dem ich diese Bibelstunde eingerichtet
hatte, hängt jetzt noch über meinem Arbeitstisch. Ja, sagte
Frau Kade, sie wolle aber auch mal eine Frage stellen. Sie rührte mich, und ich erlaubte ihr, in den Bibelkreis zu kommen,
aber während der Anwesenheit der Mitarbeiter solle sie ganz
still sein. Es gab schlimme, hitzige Debatten im Mitarbeiterkreis, aber schließlich wurde eine Bank im Hintergrund für
Frau Kade eingeräumt. Leise setzten sich allmählich andere
hinzu. Wir konnten das Ding nicht mehr halten. Aus dem
Umkreis von 20 km kamen die Leute. Etwa 150 Besucher
quetschten sich jeden Mittwochabend in den Stuhlkreis im
Gemeindehaus. Wir beteten laut zusammen, sangen, erwo-
gen manche Frage, machten Freizeiten und lasen allmählich
eine ganze Reihe biblischer Bücher, alles in der wortkargen,
eher etwas steifen Ordnung der Schwarzwälder. Blicke ich
heute zurück, beschleicht mich ein Hauch von Einsamkeit.

Die Reformationsfeiern rauschen, aber Hausbesuche und Bibelstunden rauschen in unserer Kirche den Bach hinunter.

Natürlich musste ich auch Religionsunterricht halten. Im Studium hatte ich nur eine einzige Religionsstunde gestalten können, die Hauptsache war aber eine schriftliche Ausarbeitung gewesen. Dazu kam die Prüfungskatechese. Die ging aber schief. Mein Fehler war, dass ich bei der Veranschaulichung von Amts-Vollmacht den Polizisten über den Bürger gesetzt hatte. Das dürfe in einem demokratischen Staat nicht passieren, meinten damals meine Prüfer, und gaben mir eine kümmerliche Vier. Warum ich überhaupt in der Praktischen Theologie eine Vier schaffte, bei einer Sechs in Predigt und einer Vier in Katechese, weiß ich bis heute nicht.

Ich hatte alle Schultypen: Grundschule, Realschule, Progymnasium, Berufsschule mit der Waldfacharbeiter-Klasse. Alle liebte ich. Am schwierigsten zeigte sich das Progymnasium mit der Endstufe der Fünfzehn- bis Sechzehnjährigen. Sie boten eisernen, wenn auch schweigenden Widerstand. Der Einzige, der gelegentlich freundlich guckte, war das Sport-Ass. Seine Familie, das musste man zugeben, war ausgesprochen kirchenfreundlich. Es war Volker Teich, später Synodaler, Sprecher der Konservativen in der EKD-Synode, Leiter des württembergischen Ludwig-Hofacker-Kreises und Dekan. Wie die Klasse und ich dann am Schluss doch noch zusammenkamen, lässt sich schwer erklären. Ein Pluspunkt war sicher unsere Nachmittagsfahrt zu den Gustav Wernerschen Anstalten, wo wir gegen eine Behinderten-Elf unter Führung von Ernst Fuhr kickten. Ein raues Spiel, das wir verloren. Besonders am Herzen lag mir die Waldfacharbeiter-Klasse. Ich trank mit ihnen Kaffee im gegenüberliegenden Pfarrhaus und versuchte, sie für das Markus-Evangelium zu interessieren. Leider wurde auch dieser Zweig der Berufsschule mit anderen in Freudenstadt »konzentriert«. Und natürlich blieb der Religionsunterricht nur ein Zweig des ganzen Pfarramts, neben Beerdigungen, von denen ich einmal achtzig im Jahr hatte, Sitzungen und der mir nach wie vor wichtigen Jugendarbeit. Was für eine schöne Zeit trotz mancher Schläge!

Baiersbronn bildete in den 60er- und 70er-Jahren des zwanzigsten Jahrhunderts eine gewisse Ausnahme in der Kirchenlandschaft. Es hatte sich den Charakter einer geschlossenen Gemeinde bewahrt, nicht so in Flügel zerrissen wie damals schon viele Kirchengemeinden. Es hatte über Jahrzehnte eindrucksvolle, positiv wirkende Pfarrer, auf deren Schultern wir standen. Im Jahr 1971 war die nächste Synodalwahl angesetzt.[4] Bis dahin wurde unser Wahlkreis auf der Theologenseite durch Lienhard Pflaum vertreten, den bekannten Leiter der Liebenzeller Mission. Jetzt wollte Lienhard Pflaum sein Synodalamt aufgeben. Ein Jüngerer sollte an seine Stelle treten. Die Anfrage kam auf mich, den damals 33-Jährigen, zu. Eine Zeit lang wartete ich ab. Aber kein anderer tauchte auf.

---

[4] In Württemberg herrscht bis heute die Urwahl, ein Zeichen, dass seine Kirchenordnung auch Elemente der Reformierten aufnahm.

Abgesehen von der Bezirkssynode hatte ich nur eine einzige kleine Berührung mit der Synode gehabt. Das war während eines Vikarskurses in Bad Boll. Geleitet wurde dieser von Paul-Gerhard Seiz, früher Pfarrer in Leonberg-Ramtel. In unseren Vikarskurs schlugen von der Synode ausgehend hohe Wellen. Der weithin bekannte Synodalpräsident Oskar Klumpp, eine Leitfigur der Progressiven, die sich später Offene Kirche nannten, war zurückgetreten. Eine Mehrheit von Konservativen und Vertretern der kirchlichen Mitte hatte Hans von Keler, den späteren Prälaten und Bischof, zu seinem Nachfolger gewählt. Nähere Einzelheiten sind mir entschwunden. Nun drängte Paul-Gerhard Seiz den Vikarskurs dazu, eine Protest-Adresse nach Stuttgart zu schicken. Wir waren circa dreißig Vikare/innen und für die meisten war das kein Problem. Für mich schon, und zwar nicht nur aus juristischen Gründen. Mich stieß die Art vor den Kopf, wie man die Akademie einfach zur Einrichtung eines einzigen Flügels der Landeskirche machte. Ich erklärte dementsprechend, dass ich das Protestschreiben nicht unterzeichnen würde. Zwei andere schlossen sich mir an. Einige Zeit danach empfing der neue Synodalpräsident Hans von Keler beide Gruppen, die Mehrheitsgruppe und uns drei »Abweichler«. Das also war bisher die einzige Bekanntschaft mit der Landessynode gewesen, wenn ich mich recht erinnere.

Und jetzt Auseinandersetzungen um die »neue Synode«? Eventuell Baiersbronn belasten? Bis heute ist es meine Überzeugung, dass Jesus uns zuerst zu »Bauern« gemacht hat und erst dann, wenn die Saat zertreten wird, zu »Soldaten« (*milites Christi*). Große Teile der Öffentlichkeit taten bei uns im Dekanat und im Wahlkreis, der von den beiden Dekanaten Freudenstadt und Sulz gebildet wurde, so, als sei eigentlich nur die Offene Kirche vorstellbar. Meine beiden Freunde Reinhold Schweikle und Dieter Meng und ich beschlossen jedoch, die Herausforderung anzunehmen und für die Synode zu kandidieren.

Die Wahl fand im Herbst 1971 statt. Mit ihr begann einer unserer interessantesten Lebensabschnitte. Jahrzehntelange Freundschaften entstanden. Jahrelange Kämpfe besetzten so manche Sektoren unseres Lebens. Bevor ich solche Sektoren schildere, muss ich noch zweierlei erwähnen: Die Investitur und die Lage in unserer Pfarrerschaft. Zur Investitur schenkte mir Gott das Wort aus Jeremia 15,19–20: »Wenn du dich zu mir hältst, so will ich mich zu dir halten, und du sollst mein Prediger bleiben. Und wenn du recht redest und nicht leichtfertig, so sollst du mein Mund sein. Sie sollen sich zu dir kehren, doch du kehre dich nicht zu ihnen! Denn ich mache dich für dies Volk zur festen, ehernen Mauer. Wenn sie auch wider dich streiten, sollen sie dir doch nichts anhaben; denn ich bin bei dir, dass ich dir helfe und dich errette, spricht der HERR.«

Als knapp Dreiunddreißigjähriger ahnte ich noch nicht, wie der Herr ein solches Wort einlösen kann. Karl Möhrle schenkte mir eine Kopie von Leonardo da Vinci, die er gemalt hatte, der alte Pfarrer Lang seinen Gebetsstuhl, auf dem ich heute noch bete, mein Freund Immanuel Astfalk, der bald darauf starb, kam als Investitur-Zeuge. Zur Lage in unsrer Pfarrerschaft: Für viele im Pfarrkonvent unseres Dekanats wirkte ich seltsam, als ich in den Kirchenbezirk kam. Sie waren eher an progressive Vikare gewöhnt. Damals stellte die Vikarskonferenz unserer Landeskirche fest, dass die Bibel nur ein Gesprächspartner unter anderen sei. Mit meiner Ablehnung der Bibelkritik fiel ich auf. Für mich mit meinem marxistischen Hintergrund, der A-Religiosität mancher Milieus, die ich durchwandert hatte, und meinem Jurastudium war umgekehrt unbegreiflich, wie sich Pfarrer für bibelkritische Theorien begeistern und über die Pietisten in ihren Gemeinden mokieren konnten. Mein Doktortitel, damals noch etwas Seltenes, schützte mich jedoch vor manchen Angriffen. So entstand vor allem seit dem Pfarramt I in Baiersbronn, der zweitwichtigsten Stelle im Dekanat, ein leidliches, ja in manchen Fällen freundschaftliches Verhältnis zu den anderen im Pfarrkonvent. Es sollte nun in der Synodalwahl getestet werden.

Der Kandidat der Offenen Kirche auf der Theologenseite war Pfarrer Rückert, ein Verwandter des Kirchengeschichtlers Hanns Rückert, der jetzt als Ruhestandspfarrer im Kirchenbezirk Sulz lebte. Wir beide bemühten uns um einen höflichen, respektvollen Umgang. Doch in den vielen örtlichen Veranstaltungen schlugen die Wogen hoch. Gudrun war entsetzt, als sie einmal mitfuhr, bis heute spürt sie Verletzungen. Ein guter alter Pfarrer, mit dem ich mich sonst gut verstand, schleuderte mir, als ich mich nach einer solchen Veranstaltung per Handschlag von ihm verabschieden wollte, entgegen: »Ihnen gebe ich keine Hand.« Auch Rückert fuhr einmal auf: »Herr Maier, Sie sind doch Theologe …« Zorngerötet standen sie vor mir, wenn ich neues Bibelvertrauen und den Anstoß zur erwecklich-missionarischen Arbeit seitens der Synode forderte. Rückert wollte mir allen Ernstes weismachen, dass Römer 13 und Offenbarung 13 einen Widerspruch innerhalb der Bibel bildeten. Genug! Am meisten Angst hatte ich wegen Baiersbronn. Dort war inzwischen das zweite Pfarramt besetzt worden. Mein Kollege, hundertmal musikalischer als ich, kandidierte zu aller Überraschung – auch zu meiner – für die Mittelgruppierung »Evangelium und Kirche«. Wir kandidierten also gegeneinander. Langsam musste ich einsehen, dass die evangelische Pfarrerschaft vielleicht das seltsamste soziologische Phänomen auf diesem Planeten ist.

Die Wahl war vorbei. Ergebnis auf der Theologenseite: Rückert etwas über 4 000 Stimmen, Maier 14 400, Reinhold und Dieter waren ebenfalls durch, sodass alle drei Kandidaten der Lebendigen Gemeinde in unserem Wahlkreis gewählt waren. Und Baiersbronn? Es war und blieb mein Rückgrat bei den Wahlen. Über 1 000 Stimmen kamen aus Baiersbronn für mich, etwa 200 für die beiden anderen Gruppierungen zusammen, einschließlich meines Kollegen.

Die Synode wurde nicht zur Hauptsache. Die Hauptsache blieb die Gemeinde – zuerst sind wir »Bauern«. Gudrun und ich hatten feste Prioritäten: 1) der Dienst für Jesus, danach

2) die Familie. Weil wir da in Gebet und Leben völlig einig waren, rieb sich das Familieninteresse nur selten mit dem Dienstinteresse. Wir halten dies immer noch für richtig und würden es wieder so machen. Jetzt kam also eine zweite Prioritätenliste dazu: 1) die Gemeinde, 2) die Synode. Wer seine Prioritäten nicht ordnet, wirkt konfus und verursacht mehr Leiden als nötig.

Ich nahm in der letzten Bank der Synodalen Platz. Sofort begann die Verteilung der Ämter. Natürlich ging ich in den Sonderausschuss für Ausbildungsfragen. Meine Lebendige Gemeinde hatte dort die Mehrheit. Ich kandidierte für den Ausschussvorsitz und hätte aufgrund unserer Mehrheit das Rennen machen müssen. Aber einer von uns wollte meinen Vorsitz verhindern und sagte mir das auch ganz offen. Er stimmte ebenso in anderen Fragen gegen unseren Gesprächskreis, und ich musste lernen, dass es praktisch niemals möglich war, alle Mitglieder des Gesprächskreises Lebendige Gemeinde einstimmig abstimmen zu lassen.

So wurde ich stellvertretender Ausschussvorsitzender, und das war der Beginn meiner Freundschaft mit dem gewählten ersten Vorsitzenden, Helmut Frik. Helmut Frik wurde später Oberkirchenrat im Personaldezernat und war nahe daran, zum Bischof gewählt zu werden. Von der Turbulenz jener Synodalsitzungen 1972 und 1973 macht man sich keine Vorstellung. Wir fuhren zwischen Szylla und Charybdis. Unser Ausschuss empfahl die Aufnahme von Küllings Akademie-Absolventen aus der FETA in Basel, blieb aber in ganz

Deutschland damit allein. Wir versuchten, bei der Tübinger Theologischen Fakultät mehr Offenheit für biblisch konservative Studierende zu erreichen. Mir ist noch das Votum des Alttestamentlers Herbert Donner im Ohr: »Ich bin offen für alle Positionen. Aber wenn jemand behauptet, das 5. Mosebuch sei von Mose, ist eine Grenze überschritten und ich würde eine solche Seminararbeit zurückgeben.« Wir stießen hier auf Granit.

Allmählich wurde mir der Unterschied zwischen dem deutschen und dem englischen Theologieverständnis bewusst. Deutsche Lehrstuhlinhaber und -inhaberinnen förderten in aller Regel nur solche Promotionen, die ihre eigene Position stärkten. Die englischen handelten umgekehrt: Sie förderten bewusst auch abweichende Positionen, um ihre eigene Stärke zu testen. Nach meiner persönlichen Einschätzung hängt der Rückgang des internationalen Einflusses der deutschen Theologie auch mit diesem verschiedenen Wissenschaftsverhalten zusammen.

Im Frühjahr 1973 gelangte eine Anfrage ins Baiersbronner Pfarrhaus, die uns in Unruhe stürzte. Das Tübinger Albrecht-Bengel-Haus fragte mich, ob ich als zweiter Studienleiter neben Walter Tlach ans Studienhaus käme. Der Verein war Ende Dezember 1969 gegründet worden. Schon damals wurde ich gefragt, ob ich die – bis dahin einzige – Studienleiterstelle übernehmen könnte. Aber 1970 war ein Weggang aus Baiersbronn unvorstellbar. Stattdessen kam Dekan Walter Tlach aus Heidenheim, der mit seiner Frau unendlich viel

Kraft und Liebe in diese neue Arbeit steckte. Rektor war Prof. Dr. Peter Beyerhaus. 1973 gab es sogar schon einen Studienassistenten, Dr. Heiko Krimmer aus Ruit. Die Arbeit war rasch gewachsen. Mir wurde der Ruf nach Tübingen sehr dringlich gemacht. Im Vorstand und Ausschuss saßen lauter gute Freunde aus der Synode: Martin Holland, Hans Eißler, Martin Pfander, Manfred Rieger, Karl Ebinger, dazu noch Dekan Wagner. Uns allen war klar, dass die Ausbildung die künftige Kirche bestimmen würde. So war es in allen Zeiten gewesen. Konnte ich, dem Gott einige Voraussetzungen gegeben hatte, die Anfrage ablehnen?

Bei aller Gewissenhaftigkeit ahnten wir nicht, was die Folgen der Zusage waren, die wir nun gaben. Die Baiersbronner akzeptierten es mit erstaunlichem Verständnis, sie unterstützten uns sogar über Monate, ja über viele Jahre hinweg. Der Vorsitzende des Vereins, Martin Holland, stellte uns seine schöne Tübinger Wohnung zur Verfügung. Die Kinder waren traurig, aber als sie den großen Garten in der Tübinger Denzenberghalde sahen, waren sie getröstet. Gudrun fiel der Abschied von Mädchenkreis, Gitarrenchor, Bibelkreis, so vielen treuen Frauen und Gemeindegliedern bitterschwer. Aber sie hielt unsere Entscheidung für richtig. Noch heute – wir sind über achtzig – verbinden uns tiefe Freundschaften mit Baiersbronn.

Der Einschnitt für mich glich einer Operation. In den sich anbahnenden Verhandlungen stellte sich heraus, dass ich den Missionszweig des Albrecht-Bengel-Hauses übernehmen sollte, den Peter Beyerhaus erst jetzt mit meinem Dienstantritt am 1. November 1973 gründete. Gut, dass mir die alte Frau Maser zuvor noch, als ich sehr angefochten war, Jesaja 41,10 mitgegeben hatte: »Fürchte dich nicht, ich bin mit dir; weiche nicht, denn ich bin dein Gott. Ich stärke dich, ich helfe dir auch, ich halte dich durch die rechte Hand meiner Gerechtigkeit.« Seltsam, was für Worte mich im Leben begleiteten. Unvergesslich jetzt, wie ich meine Stelle als Missions-Studienleiter antrat. Der Arbeitsplatz war im Institut von Prof. Beyerhaus eingerichtet. Ich kam am Morgen. Die Sekretärin empfing mich gut vorbereitet und freundlich. Ein aufgeräumter Schreibtisch. Darauf perfekt gespitzte Bleistifte. Das war mein Anfang. Kein Bibelkreis. Keine Predigt am Sonntag. Und der Missionszweig? Zwei Liebenzeller Missionare. Beide lernten an der Uni Urdu. Fuhren dann am Wochenende heim. Von der Sprache und ihrem Einsatz verstand ich nichts. Ich war voll guten Willens. Aber ich fuhr in Dantes Vorhölle hinab.

Im Februar kündigte ich. »Es gibt keinen Grund zu kündigen«, sagten Martin Holland und Hans Eißler, die vor mir saßen. Richtig. Niemand war zu mir unfreundlich gewesen. Nur ein leerer Platz. Nur keine Menschen, die dem Himmel zustreben wie meine Baiersbronner.

Ich blieb. Formal wurde meine Kündigung nicht zurückgenommen. Aber wir alle taten, als wäre sie nicht erfolgt.

V. ALBRECHT-BENGEL-HAUS UND TÜBINGER JAHRE

Nach dem Februar-Gespräch wurde ich im Sommersemester 1974 auch im pastoralen Zweig eingesetzt. Mir schlugen viele Widerstände entgegen. Ich richtete im Karl-Heim-Haus bestimmte Zeiten ein. Dort wohnten schon Dutzende von Bengel-Studenten. Heiko Krimmer hatte als Studienassistent ihre Betreuung und Begleitung aufgenommen. Seine Kaffeemaschine summte ununterbrochen, vielleicht mit Ausnahme weniger Nachtstunden. Reinhold Rückle, sein Freund aus Ruit und Examensstudent, stand ihm bei. Der Andrang sprengte manchmal die Raumgröße des Zimmers. Es war Heiko Krimmers Großtat, die ich ihm nie vergessen werde, dass er mich in diesen Betrieb einbaute. Und was ich nach meinen bisherigen Erfahrungen nie geglaubt hätte: Wir waren uns theologisch einig. Das heißt, es gab da einen Unterschied, den wir später bemerkten: Heiko erwartete die Wiederkunft Jesu binnen der nächsten fünfhundert Jahre, während ich zurückfragte: Und was machst du, wenn diese fünfhundert Jahre ohne die Wiederkunft vorübergehen? Heiko war ein fantastischer Freund. Heute ist er tot.

Die Bengel-Studenten im Karl-Heim-Haus lehnten mich in Teilen ab. Bei der Übersiedlung nach Tübingen hingen im Unibereich Plakate aus: »Ultrarechter Pietist aus dem Schwarzwald kommt nach Tübingen.« Freundlich begegneten mir damals Peter Stuhlmacher und Martin Hengel. Die alten Connections aus der Assistentenzeit funktionierten wenigstens teilweise noch.

Warum blieben wir? Ich hatte jederzeitiges Rückkehrrecht in die Landeskirche. Im Rückblick denke ich, dass es erstens solche Worte waren, wie sie mir die alte Frau Maser mitgegeben hatte. Da es für Christen keine Zufälle gibt, konnten auch solche Worte kein Zufall sein. Zweitens hatte sich manches ereignet, das den Weg nach Tübingen nahelegte. Hervorstechend war ein merkwürdiger Autounfall wenige Wochen vor dem Wechsel. Wegen abgefahrener Bremsen hatte ich das Auto in die Werkstatt gebracht. Es wurde repariert: »Es ist alles in Ordnung.« Aber bei der Rückfahrt kam es mir komisch vor. Ich fasste den etwas eigenartigen Beschluss, mit dem Auto hinauf auf den Hirschkopf zu fahren und auf dem steilen Rückweg zu testen, ob die Bremsen wirklich in Ordnung waren. Dann also der Rückweg: Ich konnte das Bremspedal voll durchtreten, es zeigte keinerlei Wirkung. Ich riss die Handbremse rein: Das Auto wurde nur wenig langsamer. Ich beschloss, über die Mäuerchen in den Vorgärten zu fahren: Der Wagen sprang darüber wie ein Skispringer. Um 12 Uhr mittags, zur Hauptverkehrszeit, als schon die Schüler aus der Schule heimkehrten, stürzte mein Auto in die Hauptstraße hinein und überschlug sich. Ich konnte noch selbst aussteigen. Ich hätte tot sein können. Aber nur ein Finger blutete. Zum dritten Mal nach Husum und Gönningen hatte mir Gott das Leben gerettet. – Und ich sollte umkehren von Tübingen?

Walter Tlach holte mich zur Mitarbeit in seine Konventsgruppe in die Gartenstraße. Da saßen sie nun alle um mich und vor mir: Paul Murdoch, Heinz-Werner Neudorfer, Matthias Adt und ein rundes Dutzend andere. Die Erstkontakte von damals mündeten in lebenslange Freundschaften und Verbindungen. So baute Gott Stück für Stück weiter an unserem Leben.

Das Bengel-Haus stand jetzt vor der Aufgabe, ein eigenes Gebäude zu errichten. Im Karl-Heim-Haus waren wir nur Mieter. Wo bauen? Es schälten sich zwei Möglichkeiten heraus. Die eine hätte uns nach Gomaringen geführt, circa 10 km entfernt, mit einer Kirchengemeinde und einem CVJM, die beide hinter uns standen, und einer freundlichen bürgerlichen Gemeinde. Die andere orientierte sich an der Devise »In Tübingen bleiben«, schied deshalb das Entfernungsproblem aus, traf aber auf deutliche Abneigung bei der Stadt, der Fakultät, den meisten Kirchengemeinden, den Pfarrern und den Medien. Die Abneigung entsprang zu einem guten Teil dem Widerwillen, in der Stadt so etwas wie eine »Konkurrenz« zum berühmten Evangelischen Stift zu etablieren. Viele Details blieben mir verborgen. Es war ja der Verein, der die Verhandlungen führte.

Nach meiner Erinnerung verloren wir die erste Runde. Erst recht aber kam jetzt die Diskussion auf: Gomaringen oder Tübingen? Winkte Gott nicht gewissermaßen mit dem Zaunpfahl nach Gomaringen? Ich war entschieden für Tübingen. Wer Studium, Fakultät, Ausbildung beeinflussen wollte, musste in Tübingen bleiben. Und könnten unsere Studierenden jemals aus ihrer Rand-Existenz als »Gomaringer« herauskommen? Der Vorstand mit Martin Holland, Hans Eißler und Martin Pfander sah es genauso. Aus den vielen Gesprächen der damaligen Zeit habe ich letztlich das eine mitgenommen: Man muss vorsichtig bleiben, wenn eventuell zu schnell mit Gottes »Wink« und »Willen« argumentiert wird. Wie vorbildlich waren da die »Schwäbischen Väter«, als sie die »Weisheit auf der Gasse« als eines der wichtigen Führungsmittel Gottes herausstellten! Das entscheidende Machtwort sprach der Ortschaftsrat von Tübingen-Derendingen: Das Bengel-Haus solle hier bauen. So entstand unser Neubau in den Mühlbachäckern in Derendingen. Uni und Innenstadt waren bequem mit Fahrrad und Bus, ja sogar zu Fuß, erreichbar.

Im April 1978 weihten wir das Haus ein. Unser Architekt Abbé Schmid hatte es mit städtebaulich beeindruckendem Outfit und Charme entworfen. Wir hätten dazu kirchliche Gelder bekommen können. Wir waren ja als Lebendige Gemeinde, die hinter dem Bau stand, immerhin die größte Synodalgruppe. Doch wir hielten uns an die Kirchengeschichte der letzten Jahrzehnte: Wo immer die Kirche bezahlte, musste sie letzten Endes die Regie übernehmen. Wir aber wollten frei bleiben. »In Liebe zur Kirche, aber nicht verkirchlicht« blieb unsere Losung. Und – was heute unvorstellbar ist – die Freunde brachten all die Millionen auf, die erforderlich waren. Eine Sehnsucht ging durchs Land: Wir wollen biblisch predigende Pfarrer! Man darf nicht vergessen, dass damals noch die meisten Kirchengemeinderäte in Württemberg konservativ oder pietistisch waren. Heute ist es umgekehrt.

April 1978: Nostalgie liegt nahe. Ich sehe uns noch um die Gasbrandöfen im Keller sitzen, so lange, bis die Heizung voll funktionierte. Unsere Hausmutter, Frau Neudorfer, fühlte sich rasch ein. Ihr Wort hatte Gewicht. Als sie, eine schmächtige Frau, das Wäschewaschen am Sonntag untersagte, wurde dies akzeptiert. Dass wir Christen waren, machte sich als Grundzug unserer Gemeinschaft immer wieder bemerkbar.

Nostalgie: Die Gebetsgemeinschaften in den Stockwerken. Als ich aus Korea von meiner ersten Vorlesungsreise zurückkehrte, schlug ich vor, dass wir wenigstens einmal in der Woche um sechs Uhr mit der Gebetsgemeinschaft beginnen sollten, sonst könnte es ja bei sieben Uhr bleiben. In Korea hatte ich miterlebt, wie die Professoren morgens um fünf Uhr auf die Gebetsberge stiegen, um ihre Vorlesung dann um acht Uhr zu beginnen – konnten wir dann nicht wenigstens einmal in der Woche um sechs Uhr anfangen? Es wurde bereitwillig, wenn auch schwäbisch zurückhaltend, akzeptiert. Daraus wurden zugleich die intensivsten Gesprächsrunden beim anschließenden Frühstück.

April 1978: In diesem Jahr schürzten sich viele Ereignisse. Kirchenrechtlich und für unsere Hausgeschichte interessant war die Frage nach meiner Verlängerung. Im Bengel-Haus wurde ich niemals auf Lebenszeit angestellt, sondern hatte immer nur einen Fünf-Jahres-Term. Das fand ich richtig. Denn das Haus musste stets die Freiheit behalten, sich personell neu zu orientieren. Lief ein Fünf-Jahres-Term, brauchte man die Beendigung des Dienstverhältnisses nicht zu begründen. Eine Zeit lang zögerte ich. Noch war ich jung, noch zog es mich in die Gemeinde. Wir tauschten uns im Vorstand aus. Schließlich stellte der Verein bei der Landeskirche den Antrag, mir noch einmal fünf Jahre Freistellung zu gewähren. Er wurde genehmigt.

Um diese Entscheidung herum gruppierte sich manches andere. Walter Tlach ging verabredungsgemäß in den Ruhestand. Damit wurde ich geschäftsführender Studienleiter.

Im Blick auf die Fakultät hatte sich so viel abgeklärt, dass ich mein Habilitierungsvorhaben nicht weiterverfolgte. Zwar war ich von der Fakultät promoviert. Aber mein Buch über »Das Ende der historisch-kritischen Methode« hatte einen Graben aufgerissen. Unvermittelt sagte mir mein alter Doktorvater Otto Michel bei einem Semester-Abschluss-Konvent: »Sie haben sich selbst aus der Fakultät hinauskatapultiert.« Was bin ich heute froh, dass ich mich vor der Veröffentlichung des Buches »Das Ende der historisch-kritischen Methode« nicht lange beraten habe! Das Projekt wäre zu Tode beraten worden. Was Paulus in Galater 1,16f sagt, kann heute noch gelegentlich richtig sein. Der Vorstand hätte eine Habilitierung gewünscht. Ich selbst wollte ebenfalls auf sie zugehen. Damals sammelte ich das Material, aus dem mein Buch »Die Johannesoffenbarung und die Kirche« geworden ist. Aber die Gespräche mit verschiedenen Professoren hatten mir gezeigt, dass die Fakultät meine Habilitierung wahrscheinlich abgelehnt hätte. So gab ich dieses Projekt auf.

Vielleicht sollte ich noch ein paar Worte zum »Ende der historisch-kritischen Methode« sagen. Ich schrieb die grundlegenden Teile während unseres ersten Privat-Urlaubs auf Samsø in Dänemark in der Heden, in »Herrn Åmdi's sommerhus«. Das war im Sommer 1973. Im Blick aufs Bengel-Haus, wo ich ja am 1. November 1973 beginnen sollte, schien es mir notwendig, meine Stellung zur sogenannten »historisch-kritischen Exegese« grundlegend abzuklären. Die Frage nach einer eventuellen Veröffentlichung war damals zweitrangig. Später machte mir Rolf Brockhaus, der Seniorchef des R.Brockhaus-Verlages, das Angebot, meine Abhandlung als Buch zu veröffentlichen. Im weiteren Verlauf wurde Dr. Ulrich Brockhaus der Juniorchef, mein Gesprächspartner. Ich weiß noch, wie er auf der Fahrt zum Tübinger Hauptbahnhof in seiner westfälischen Ehrlichkeit zu mir sagte: »Bruder Maier, es wäre für Sie persönlich besser, wenn Sie dieses Buch nicht veröffentlichen würden. Aber natürlich sind wir als Verlag daran interessiert.« Ich dachte damals, ein solches Buch würde kein Mensch lesen, und informierte niemand. Im Rückblick erweist sich dies als Fehler.

Besonders für Walter Tlach, den geschäftsführenden Studienleiter, war die Lage schwierig. Ich werde es ihm nicht vergessen, wie er beim nächsten Jahresfest in Lustnau vor allen Anwesenden erklärte: »Ich stelle mich hinter dieses Buch von Gerhard Maier.« Die Veröffentlichung schlug in Tübingen ein wie eine Bombe. Peter Stuhlmacher zerriss es im vollbesetzten Hörsaal. Martin Hengel erklärte in seiner Vorlesung, ich würde den Menschen auf den Stand eines Tieres zurückführen. Aber manche Studierende, die damals dabei waren, erzählten mir später, sie seien gerade deshalb ins Nachdenken gekommen und vor einem bibelkritischen Kurs bewahrt geblieben. Manche Evangelikale und Pietisten erklärten mir ihre Distanz. Der alte Dekan Kurt Hennig, einer der gescheitesten Köpfe unserer Landeskirche, sagte mir: »Ein solches Buch schreibt man erst am Lebensende.« Der Einzige, der mein Buch in einer Rezension – in der Münchner Theologischen Zeitschrift – lobte, war der katholische Kardinal Scheffczyk. Die schwerste Wunde entstand bei uns im Bengel-Haus. An die zwanzig Studenten traten aus dem Haus aus, weil sie dem Weg einer biblisch-historischen Methode nicht folgen konnten. Martin Holland und Peter Beyerhaus stützten aber meinen Kurs ganz eindrücklich.

Dieses Buch hat ein seltsames Schicksal gehabt. Es erlebte meines Wissens acht deutsche Auflagen. Rasch wurde es übersetzt: Ins Dänische, Norwegische, Englische, Koreanische, Japanische. Es wurde Grundlage für Kurse und Vortragsreisen nach Norwegen, Dänemark, Finnland, Österreich,

Hongkong, Indonesien, Korea, in die Schweiz. Noch bei der Bischofswahl 2001 stellten manche Synodale die Frage, ob ich dieses Buch widerrufen würde, was ich natürlich weder konnte noch wollte. Beim heutigen Sola-Scriptura-Streit gehen meine Gedanken zurück in jene Jahre der Auseinandersetzungen, und ich denke immer noch, dass ich damals recht hatte.

Bei der Einweihung des neuen Gebäudes lagen viele jener Auseinandersetzungen schon hinter mir. Ich freute mich auf ein ruhiges Fahrwasser. Das war falsch, und ich musste lernen, dass es bei meiner Tätigkeit selten ein ruhiges Fahrwasser gab. Ein solches Haus hatte wie die große Landeskirche und wohl alle christlichen Gemeinden ständige Personalfragen. Gerade fürs Bengel-Haus war es schwierig, immer die richtigen Studienleiter und Studienassistenten zu finden. Nur gut, dass Vorstand und Ausschuss eine kontinuierliche Linie fuhren.

Insgesamt wuchs in den 80er-Jahren die Zahl der Theologiestudierenden. In Tübingen zählte man circa 2 400. Das Bengel-Haus wuchs nicht weniger. Waren es im Herbst 1973 insgesamt 66 Bengel-Studierende, so zählte man in den 80er-Jahren schon um die 200. Eine Dauer-Diskussion gab es um die Frage, wie hoch der Anteil der Württemberger sein sollte. Die Grundordnung sprach davon, dass »vorzugsweise« württembergische Studierende aufgenommen werden sollten. Man wollte ja gerade in Württemberg die Pfarrerschaft auf die Ziele biblischer Verkündigung und erwecklicher Ge-

meindearbeit hin orientieren. Aber nun waren die Nöte der
Ausbildung in anderen Landeskirchen teilweise größer. So
kämpfte ich in aller Freundschaft bei jeder Aufnahme-Sit-
zung des Vereins auch für die Nichtwürttemberger – und
weil wir eben Freunde waren, mit erheblichem Erfolg. Noch
heute tut mir das wohl.

Nach dem Lausanner Kongress von 1974, zu dem mich
Walter Tlach geschickt hatte, blühten evangelikale Einrichtungen und Initiativen in Deutschland auf. Die Lausanner
Verpflichtung, die auch theologisch ernst zu nehmen war, bot
dafür eine gute Grundlage. Mehrfach war das Bengel-Haus
aktiv beteiligt. So bei der Gründung des »Arbeitskreises für
evangelikale Theologie« (AfeT). Hier gewann ich mit dem
Beharren auf der Bezeichnung »evangelikal« sogar in der
Abstimmung gegen meinen Freund Helmut Burkhardt, der
die Bezeichnung »evangelisch« vorziehen wollte. Aufgrund
des Alphabets firmierte das Albrecht-Bengel-Haus als erstes
Mitglied des AfeM, des »Arbeitskreises für evangelikale Missionen«. Gerade mit Letzterem gerieten wir unter schweres
Feuer. Denn wir unterstützten zum Beispiel die Frankfurter
Erklärung zur Grundlagenkrise der Mission, die Peter Beyerhaus entworfen hatte. Schon damals spielten Fragen wie die
nach dem Verhältnis von Mission und Dialog, der Bewertung
anderer Religionen oder der Übernahme von ehemals freien
Missionen in kirchliche Werke eine wichtige Rolle. Alles, was
uns heute im Bereich »Mission« bewegt, bewegte uns auch
damals.

Persönlich kamen für mich weite Bereiche hinzu, die sich in einem Rückblick nur schwer zusammenfassen lassen. Da war einmal der Bereich Forschung und Lehre. Der Vorstand des ABH legte großen Wert darauf, dass die Lehrer des ABH nicht nur eine Art Nachhilfe zum Verständnis theologischer Probleme und schließlich zur Examensvorbereitung anboten, sondern einen eigenen theologischen Standpunkt entwickelten. Das wurde besonders beim Rektor vorausgesetzt. 1980 hatte ich das Amt des Rektors nach Peter Beyerhaus übernommen. Jetzt stand ich vor der Herausforderung, in den laufenden wissenschaftlichen Diskurs hineinzugehen und gleichzeitig die Arbeit in den Gemeinden im Auge zu behalten, ja, im Rahmen meiner Kräfte zu stärken, wo ich konnte. Praktisch bedeutete das 6–8 Bibelwochen im Jahr, außerdem fast jeden Sonntag Predigt und viele Vorträge.

Einen weiteren Schwerpunkt bildete ab 1984 die Fortsetzung der Tätigkeit in der Synode. 1978–1984 musste ich dort pausieren. Denn ich war 1978 nicht mehr in meinem alten Wahlkreis im Schwarzwald angetreten, sondern in Tübingen, wo sich Wahlkreis und Dekanat deckten. Es war beinahe hoffnungslos, als Pfarrer ohne Gemeinde gegen den amtierenden Dekan zu kandidieren. Ich verlor denn auch die Wahl, wenn auch mit einem Minus von circa 300 Stimmen nur knapp.

1984 änderte sich alles. In meinem früheren Schwarzwald-Wahlkreis fiel plötzlich, ganz kurz vor der Synodalwahl, der Kandidat der Lebendigen Gemeinde aus. Jetzt kam die

Frage wieder an mich: »Springst du ein?« Nach den Tübinger Erfahrungen war ich skeptisch. Aber es gab ein schlagendes Argument: Fiel ein Gewählter während der Synodalepoche aus, dann rückte derjenige nach, der die nächsthöhere Stimmenzahl hatte. So zielte die Lebendige Gemeinde unter den gegebenen Umständen von vornherein auf diesen Nachrücker-Platz, und dafür konnte ich ruhig kandidieren.

Es kam die Wahl, und ich lag mit 113 Stimmen Vorsprung vorne. Die Offene Kirche meinte jedoch, sie könnte wegen Unregelmäßigkeiten diese Wahl verloren haben, und beantragte eine Neu-Auszählung. So saß ich bei der ersten Sitzung der Synode auf einem Stuhl an der Rückwand neben dem technischen Personal. Mein Sitz blieb einstweilen leer. Die nachträgliche Neu-Auszählung wurde für fünf Gemeinden meines Wahlkreises angeordnet. In der Tat ergab sich ein anderer Stimmenstand: Ich hatte nicht 113 Stimmen, sondern 141 Stimmen Vorsprung.

In der Synode übernahm ich dann den Vorsitz des Ausschusses für Kirche, Gesellschaft und Öffentlichkeit. Diese Aufgabe brachte mir zahllose Kontakte, Erfahrungen und viele Einsichten. Bis zur Berufung in die Prälatur 1995 war ich in diesem Ausschuss tätig. Hier einiges, was mir im Gedächtnis blieb: Sehr früh arbeiteten wir Vorschläge für ein Einwanderungsgesetz aus. Es sah Quoten, Aufnahmekriterien, Starthilfen, ethische Verhaltensmaßstäbe vor. Antwort von politischer Seite: Wir sind kein Einwanderungsland. Und dies nach fast dreißigjähriger Einwanderung seitens mediterraner und türkischer Menschen! Ein mehrjähriges Projekt war auch die Vorbereitung eines Kirchentages in Stuttgart. Theo Sorg hatte dazu eingeladen. In einer der Vorbereitungssitzungen sagte Christian Krause als Kirchentags-Vertreter: »Wir sind uns unseres Glaubens nicht mehr gewiss.« Das war eine sehr ehrliche Feststellung. Sie kennzeichnet den ganzen Mainstream-Protestantismus der zweiten Hälfte des zwanzigsten Jahrhunderts. Am Ende blieb unser Ausschuss unentschieden in der Frage, ob der Kirchentag nach Stuttgart eingeladen werden sollte. Doch die Kirchenleitung sprach die Einladung aus. Es war aber seltsam, dass man mich als Ausschuss-Vorsitzenden – soweit ich mich erinnern kann – von keiner Seite zur Mitarbeit einlud.

Ein besonderes Gewicht bekam sodann eine Klausur-Tagung der Synode im katholischen Kloster Reute 1995. Auf Antrag der Offenen Kirche sollte das Verhältnis zu Vertretern der Homosexuellen-Bewegung und überhaupt die Bewertung der Homosexualität geklärt werden. Die meisten Synodalen taten sehr schwer damit. Unser Ausschuss war in Vorbereitung und Ablauf immer wieder einbezogen. Am Ende bekamen wir den Auftrag, eine Entschließung zu formulieren. Eigenartig wirkten auf mich die Vertreterinnen und Vertreter der Homosexuellen-Verbände. Ich hatte kaum mein Gepäck niedergelegt, als mich schon einer dieser Vertreter ansprach und mir klarzumachen versuchte, dass die biblische Bewertung der Homosexualität nur dem Missbrauch von sozial Benachteiligten durch Höhergestellte gelte. Dieser Mann war kein Theologe. Wer hatte ihn überhaupt legitimiert? Nur sein Verband? Er belehrte mich mit der Miene dessen, der einem Ahnungslosen erste Kenntnisse mitteilt.

Die grundsätzlichen Einstellungen der Synoden-Mitglieder wurden durch die Tagung kaum verändert. Unser Ausschuss formulierte nach der Rückkehr nach Stuttgart hauptsächlich zwei Ergebnisse: 1) Eine Segnung von gleichgeschlechtlichen Paaren findet in der württembergischen Landeskirche nicht statt. 2) Es wird beim Oberkirchenrat eine Gesprächsgruppe gebildet, die theologisch und kirchenrechtlich die zukünftige Stellung der Landeskirche weiter zu klären versucht. Ich hätte nicht gedacht, dass ich in dieser Gesprächsgruppe einmal eine stärkere persönliche Aufgabenstellung vorfinden würde. Es kam aber anders.

Als ich 1995 das Amt eines Prälaten und Regionalbischofs in Ulm übernahm, sprach mich Eberhardt Renz, mein Vorgänger im Bischofsamt, eines Tages auf diese Gruppe an. Er hatte sie – natürlich unter Mitwirkung von Referenten – bereits vollständig zusammengesetzt, mit *einer* Ausnahme: Der Platz des Vorsitzenden war noch nicht besetzt. Ich ließ mir die Liste der bereits berufenen Mitglieder geben. Ich stutzte: Nur zwei dieser Mitglieder vertraten den bisherigen kirchlichen und exegetischen Standpunkt zur Homosexualität, alle andern, circa ein Dutzend, wünschten die Anerkennung gleichgeschlechtlicher Beziehungen durch die Kirche. Sofort war mir klar: Wies ich die Bitte von Eberhardt Renz, den Vorsitz zu übernehmen, zurück, dann wurde am Ende höchstwahrscheinlich ein die Homosexuellen-Bewegung Unterstützender zum Vorsitzenden berufen. Ich sagte deshalb zu, den Vorsitz zu übernehmen. Ob es richtig war, ist für mich bis heute eine offene Frage.

Zwei völlig verschiedene Resultate standen am Ende eines in vielerlei Hinsicht bemerkenswerten Gruppenprozesses: 1) Eine Empfehlung, die Segnung gleichgeschlechtlicher Paare zuzulassen, fand nicht statt. 2) In Klarheit und Deutlichkeit wurde markiert, wo die Auffassungen so stark auseinandergingen, dass sie nicht mehr zusammenzubringen waren. Davor gab es längere Passagen, über die man sich, wenn auch nur unter erheblichen Schmerzen, verständigen konnte. Ich trug diese »Wegegabelung« im Oberkirchenrat vor. Sie fand insgesamt Anerkennung und Zustimmung, galt als ehrliche Stellungnahme und wurde dann im Blick auf Konsequenzen weiter beraten. Es entsprach meiner biblischen Überzeugung, dass die Segnung gleichgeschlechtlicher Paare ausgeschlossen blieb.

Zu meiner Überraschung machte aber das Personaldezernat unter einigen Verrenkungen deutlich, dass an wenigen Orten insgeheim anders verfahren wurde. Diese Sachlage konnte nur so entstehen, dass Kirchengemeinderat und Pfarramt gemeinsam den Verstoß gegen das allgemeine Kirchenrecht durchsetzen wollten. Hinzukommen musste die mindestens stillschweigende Duldung durch den Dekan/die Dekanin, die wohl nicht schwer zu erlangen war. Bis zum Schluss meines Bischofsamtes, also noch viel später, blieb mir verborgen, wie viele Fälle es gab und wo sie angesiedelt waren. Waren es fünf, sechs, oder noch mehr? Kaum jemand spielte hier mit offenen Karten.

Für gravierender hielt ich den Umgang des Oberkirchenrat-Gremiums mit dieser Stellung. Die ansonsten klar ausgesprochenen Verbote wurden an der einen Stelle durchbrochen, dass bisherige Verstöße gegen geltendes Kirchenrecht geduldet werden konnten. Ich hielt das für verfehlt. Die protestantische Ethik wird immer wieder an falschen Stellen zu einer nebulösen »Liebes«-Ethik. Bis dahin verlief alles innerhalb des Oberkirchenrates und seiner Organe. Dann aber kam Landesbischof Renz unter Druck: Er solle das Abschluss-Dokument unserer Gesprächsgruppe veröffentlichen. Ich sprach ihn mehrfach darauf an und bat ihn, das Dokument weiterhin als innerkirchliche Beratungsgrundlage zu behandeln und nicht als eine öffentliche Erklärung. Wäre eine öffentliche Stellungnahme bzw. Dokumentation beabsichtigt gewesen, dann hätte man von Anfang an anders verfahren müssen. Landesbischof Renz sah dann aber keinen anderen Weg als die Veröffentlichung.

Meine Befürchtung, dass die Einschätzungen und Reaktionen zum Teil sehr emotional sein würden, bestätigte sich. Im September 2000 hatte ich als Ulmer Prälat die Rom-Reise des Kollegiums zu organisieren. Sie erfolgte aufgrund einer Einladung durch Walter Kardinal Kasper. Während unseres Aufenthaltes in Rom kam es zu verschiedenen Veröffentlichungen, deren Entstehen mir jeweils erst später klar wurde.

Im evangelikalen Bereich schlug man Alarm, weil man eine Bejahung der Homosexualität durch die Württembergische Landeskirche befürchtete: angesichts der Verhältnisse in der Synode, im OKR, im damit befassten Synodalausschuss eine nicht ganz einsichtige Befürchtung.

Ich wurde persönlich als angeblicher Unterstützer der Homosexuellen-Bewegung angegriffen, obwohl ich mich bis in meine Bibelkommentare hinein ständig gegenteilig geäußert hatte. Einzelheiten will ich hier nicht ausbreiten. Aber für mich war es seltsam, bei meiner überall bekannten Position auch von der evangelikalen Seite in der Fäkalsprache angegriffen zu werden. Doch lernte ich innerlich an zwei Stellen weiter. Ich verstand jetzt besser, weshalb Jesus kein Schreier war: »Er wird nicht schreien« (Jesaja 42,2), und weshalb Paulus »in bösen Gerüchten und guten Gerüchten« (2. Korinther 6,8) ein Diener Jesu sein wollte. Im Endeffekt habe ich durch all dies auch Segen empfangen.

All die Jahre hindurch hatte ich eine unwahrscheinliche Freude durch meine Edition C-Bibelkommentare und die spätere Mitarbeit an der Wuppertaler Studienbibel. Beide Reihen genossen ein hohes Ansehen in den Gemeinden. Bis heute sagen mir bekannte und unbekannte Menschen, dass sie gesegnet werden durch die Arbeit mit diesen Büchern. Wie winzig waren die Anfänge! Friedrich Hänssler kam und schlug ein Bibel-Projekt für die Gemeinde vor: verständlich, möglichst mit Anleitung für eine Predigt oder ein Treffen im Hauskreis, keine Bibelkritik, aber sachlich begründet und orientiert. Meine Antwort: Das schlägt fehl, du machst ein Verlustgeschäft. Friedrich Hänssler meinte, er kenne ja die Menschen in Württemberg ein wenig, die Kalkulation könne ich ihm überlassen. Das Ding lief ohne Rezensionen, ohne einen Mucks irgendwo – und ich weiß nicht, wie viele Auflagen. Bis zu Dänemarks Sören Ruager dehnte sich schließlich der Mitarbeiterkreis.

Spannend war auch mein Einstieg bei der Wuppertaler Studienbibel. Ulrich Brockhaus fragte mich an. Ich sagte: Es geht bei euch beiden, bei Friedrich Hänssler und bei dir, wenn ich bei Friedrich das Neue Testament mache und bei dir das Alte Testament. Testläufer wurde gewissermaßen mein Jona-Kommentar. Damals war Adolf Pohl in der DDR der Herausgeber für die alttestamentliche Reihe der Wuppertaler Studienbibel, in der Nachfolge von Werner de Boor. Wie uns treffen? Die Leipziger Buchmesse erwies sich als die beste Gelegenheit. So kam ich mit Ulrich Brockhaus erstmals in die DDR. Es war noch am Ende der 70er-Jahre des vergangenen Jahrhunderts: Privatquartier in der Zwickauer Straße bei einer Familie, die ich noch nicht kannte, mit der Gudrun und ich aber bald geschwisterlich und freundschaftlich verbunden waren, Anmeldung bei der Volkspolizei, erlaubter Besuch in der Jakobstraße bei den Offenen Brüdern, mit denen ich mich sofort aufs Engste verbunden fühlte. Ich habe den Geruch der Jakobstraße heute noch in der Nase. Umarmungen durch die Küchenmannschaft, weil ich echten Kaffee mitbrachte. Kaffeepausen auf der Treppe mit den Brüdern von der Ostsee, von den Sorben, und mit Marian Giertler, der von Oberschlesien gekommen war. Weite Spaziergänge durchs Rosental, am Zoo vorbei, Richtung Gohliser Schlösschen, zusammen mit Manfred Schäller, Karl-Heinz Vanheiden, Hermann am Ende, vielen, vielen anderen. Damals war Leipzig für mich eine der schönsten Städte der Welt. Doch in der Erinnerung vermischt sich heute manches. Denn es folgte eine ganze Reihe von Besuchen in Leipzig, genehmigt von Gysi, vom Staatssekretär für Kirchenfragen, am Ende sogar vom Zwangsumtausch befreit. Eine ganze Reihe von Brüderkursen konnte ich halten.

Aber zurück zu jenem ersten Mal. Wir saßen im Kellerzimmer der Jakobstraße: Ulrich Brockhaus, Adolf Pohl, Gerhard Brachmann, ein Pastor Uwe Holmer, ich; einige andere. Adolf Pohl war schlussendlich gegen die Aufnahme meines Jona in die Wuppertaler Reihe. Dieser Jona trüge die Bibeltreue wie eine Art Monstranz vor sich her. Natürlich spielte dabei der Fisch von Jona 2 eine Rolle. Ich hielt eine solche wunderbare Rettung des Jona für möglich und nahm an, dass sie Jesus nach Matthäus 12,40; 16,4 ebenfalls für möglich gehalten hatte. Damals befand sich auch noch mein »Ende der historisch-kritischen Methode« in der Diskussion. Im Keller der Jakobstraße bewegte sich aber alles in relativ ruhigen, »brüderlichen« Bahnen. Ich war nicht darauf angewiesen, dass mein »Jona« akzeptiert wurde, und blieb deshalb eher eine Art Zuhörer.

Dann meldete sich Pastor Holmer zu Wort. Mit seiner tiefen, etwas rauen Stimme sagte er: »Ich bin dafür, dass wir das Buch reinnehmen.« Damit war die Sache entschieden, und wir verabschiedeten uns bald. So hat mir Uwe Holmer den Weg in die Wuppertaler Studienbibel geöffnet. In der Folgezeit legte ich dort 3. Mose, 4. Mose, Ester, Hoheslied, Hesekiel, Daniel, Haggai und Maleachi neben Jona aus, also 9 der 39 Bücher, zuletzt als Herausgeber in der Nachfolge Adolf Pohls. Als wir drei, Ulrich Brockhaus, Adolf Pohl und ich, am Abend noch in einem der großen Hotels am Hauptbahnhof essen wollten, sagte der Kellner kühl: »Für mich ist der Tag vorbei. Essen Sie woanders.« Im sozialistischen Staat bestand kein Interesse, einmal über das Reglement hinaus auf andere Menschen einzugehen.

Leipzig. Eines Abends läutete es an der Privatwohnung, wo ich bei unseren Glaubensgeschwistern wohnte. Helga klopfte an meiner Zimmertür und sagte mit eigenartiger Betonung: »Gerhard, du bekommst Besuch.« Ein junger Mann stand da mit Aktenmappe, fast einer Art Schulmappe. Er sitze an einer Doktorarbeit über akademische Methoden (?). Da ich in einer westdeutschen Universitätsstadt wohne, könne ich ihm vielleicht helfen. Ganz wohl schien ihm nicht zu sein. Nach wenigen Minuten meinte ich fast sicher, er suche in mir einen Informanten für die Stasi. Ich sagte, ich sei Theologe, ob er auch Interesse für Theologie habe? Nur wenig, gab er zu verstehen. Ich fragte ihn direkt: Wir kämen ja doch in die Ewigkeit, wo werden Sie einmal landen? Höflich, aber bald endete unser Gespräch. Nach der Wende sah ich eine Kopie meiner Stasi-Akte und fand darauf dieses Leipziger Gespräch recht gut beschrieben. – Es tut mir leid, dass zusammen mit der Wende der Kontakt zu den Offenen Brüdern in Leipzig plötzlich abriss. Ich konnte daraus den Wirbel spüren, in den sie geraten waren. Es freute mich riesig, dass unsere Verbindung später wieder auflebte.

Ein weites Gebiet öffnete sich für unser Leben durch meine literarische Arbeit, durch meine Lehrtätigkeit und die damit zusammenhängenden Reisen. 1990 erschien meine Biblische Hermeneutik. Sie wurde zum Lehrbuch für eine Reihe von Institutionen und erlebte bis 2019 vierzehn Auflagen. Sie wurde ins Englische, Rumänische und Koreanische übersetzt. Hinzu kamen Monografien, Lexika und manches andere neben dem Dutzend Kommentaren. Im Laufe der Zeit entstanden Übersetzungen in viele Sprachen. Meine Mitarbeit an den Gospel Perspectives führte mich unter anderem nach Cambridge ins Tyndale House. Im Unterschied zum Bengel-Haus hatte es sich ganz auf die Doktoranden- und Forschungsarbeit konzentriert. Am eindrucksvollsten war mir Colin Hemer, der leider sehr früh starb. So fein wie seine Hände war sein Gefühl für andere Menschen. Im Denken ungewöhnlich originell, beschäftigte er sich mit den Sendschreiben der Offenbarung. Seine bescheidene, vornehm-englische Art, mit der er meiner Unbeholfenheit begegnete, wurde mir ein Vorbild. Ich nahm mir vor, ebenso unbeirrt von anderen Meinungen und ebenso freundlich meinen Weg zu gehen.

In Cambridge mit seinen vielen Stocherkähnen auf dem Cam wurde mir erst der gewaltige Unterschied im Theologietreiben diesseits und jenseits des Kanals bewusst. Der deutsche Professor ließ sich von seinen Doktoranden die eigene Meinung bestätigen. Der englische Professor liebte es, wenn seine Doktoranden etwas ganz anderes vertraten, weil er dann eigene Stärken und Schwächen besser kennenlernte.

Im Lauf der Zeit wurde ich dann internationaler Mitherausgeber des »Themelios«, der Zeitschrift der Tyndale Fellowship. Und irgendwann im Anschluss an meine Tyndale-Verbindung hatte ich ein interessantes Gespräch mit Martin Hengel, der ja ebenfalls über gute Kontakte nach England verfügte. Er riet mir dringend, aus dem Bengel-Haus ein deutsches Tyndale-House zu machen, also mit dem Schwerpunkt auf Doktorandenbetreuung. Ich dankte für jeden Rat, entgegnete jedoch, dass seine Vorstellungen weder der Satzung noch dem Willen der Mitglieder noch dem entsprächen, was mir selbst wichtig schien. Was wäre aus dem Bengel-Haus geworden, wenn wir solchen Ratschlägen gefolgt wären? Ein Zwerg unter Zwergen, ohne Ausstrahlung auf die Pfarrerschaft. Wie weltfremd waren unsere Professoren! Mein Verhältnis zu Martin Hengel war immer ambivalent. Als Mitglied einer altpietistischen Familie und als Michel-Schüler stand er mir nahe, als Repräsentant der historisch-kritischen Methode, die ich niemals bejahen konnte, stand er auf der Gegenseite. Hengel hat mir in manchem geholfen, aber mich in vielem auch allein gelassen.

Doch wer stand nicht gegen mich? Die Kirchenleitung in Stuttgart lehnte meinen Kurs ab, eine Mehrheit unter Dekanen und Pfarrern ebenfalls, die Fakultät pflegte ihre Aversionen, große Teile der Evangelischen Allianz und des Gnadauer Verbands hielten an der historischen Kritik fest, die sie von ihrer Ausbildung her mitbrachten. Auf internationalem Parkett war das Bild allerdings bunter. Und wie viele treue Freunde begleiteten mich! Das ist bis heute ein Mysterium meines Lebens. Unvergesslich mein erster Bibellehrer neben Karl Wezel, nämlich Paul Müller. Ich besuchte ihn einmal in Heslach, als er schon sehr schwach war. Das von innen erstrahlende Lächeln lag auf seinem Gesicht. Ich erzählte, wie mein Habilitationsvorhaben in Tübingen gescheitert war. Er hatte immer gesagt: »Du musst Professor werden.« Sein Lächeln blieb. Als wäre nichts gewesen, sagte er: »Du wirst Professor werden. Ich bete dafür.« Heute sehe ich, wie ich mehrere Professuren erhielt. Was haben wir für Glaubensväter gehabt! Unter Gottes Sternen verläuft unser Lebensweg ganz anders, als wir es uns vorstellen!

Noch Ende der 70er-/Anfang der 80er-Jahre erhielt ich eine Einladung nach Kopenhagen zum Januar-Kursus des Dänischen Bibel Instituts. Der damalige Leiter und – soweit ich mich erinnere – Gründer Nils Ove Vigilius führte mich ein. Auch er ein äußerst bescheidener Mann. Gudrun und ich wurden bei seiner Familie zum Essen eingeladen. Wir waren fast sprachlos, dass die theologische und kirchliche Situation in Dänemark und beim Dänischen Bibel Institut beinahe haarklein der unseren glich. Wir genossen diese Zeit und bewunderten Kopenhagens Weltkultur mit Museen, Denkmälern, dem internationalen Blick der Presse und manchen schönen Winkeln um den Gammeltorv. Ich wohnte meist im Missionshostellet Ansgar, aber auch im Soldaterhjem. Allmählich wurde mein Deutsch-Unterricht schwierig, weil die Studenten kein Deutsch mehr konnten. Vielleicht gab es auch interne Gründe. Jedenfalls liefen meine Gastvorträge im Januar-Kursus mit den 90er-Jahren aus. Doch gab es im Bengel-Haus eine Reihe sehr geschätzter Gaststudenten aus Dänemark wie Erik Baun oder Hojlund oder Sören Ruager. Manche Kontakte führten auch zur Gemeindefakultät in Aarhus.

Höher lag die Zahl der norwegischen Gaststudenten. Bis heute sind ehemalige deutsche »Bengel« und norwegische »Bengel« noch in Verbindung miteinander. Neben speziellen Events wie dem Genuss norwegischer Lachse oder dem Singen der norwegischen Hymne am Nationalfeiertag forderte uns wie in Dänemark die Parallelität kirchlicher und theologischer Entwicklungen heraus. Im Rückblick sehe ich noch deutlicher, dass der europäische Protestantismus in der zweiten Hälfte des 20. Jahrhunderts umrüstete. Die vertraute, mit dem nationalen Leben verschmolzene lutherisch-evangelische Ethik verschwand. Es verschwand mehr und mehr die dominierende Rolle der Schrift. Ein »postmoderner« Individualismus sprengte wie ein ungeheurer Eisberg alles auf.

Bei unseren Norwegern liefen ein traditionell-konservatives Luthertum, manchmal unterfüttert vom norwegischen Pietismus, und ein gewisser *shift* zur gemäßigten Kritik lange nebeneinander her. Unmittelbar erleben konnte ich das während einer Vortragsreise, die Gudrun und mich nach Bergen, Stavanger und Oslo führte. Die Gemeindefakultät in Oslo musste starke Spannungen mit der staatlichen Theologischen Fakultät aushalten. Doch zeichnete sich ab, dass beide auf eine Koexistenz zusteuerten. Ich vertrat deutlich meine hermeneutische Linie, hielt mich aber selbstverständlich aus allem heraus, was unter den Norwegern zu diskutieren war. Jedenfalls behielten wir im Bengel-Haus Hans Kvalbein, Carl Olav Sandnes, Egil Morland, Jostein Ådna und viele andere in guter Erinnerung. Vielleicht muss ich noch sagen, dass mich die Oslo-Führung durch meinen Freund Maeland besonders beeindruckte, seltsamerweise auch der Vigeland-Park, der von vielen Künstlern herb gescholten wird. Seine monumental-blockhaften, nach Kraft suchenden Figuren bildeten jenes Europa ab, das zugedeckt unter Kriegs-, Leidens- und nichts aussparenden Auflösungs-Welten sein Leben fortzuführen suchte.

Neben Norwegen und Dänemark trat auch Finnland in unseren Gesichtskreis. Finnische Gaststudenten kamen ins Bengel-Haus. Zwei eng im Glauben verbundene Studentinnen waren sogar mehrfach da, die eine echte Finnin, die andere aus der schwedischen Minderheit Finnlands. Es folgten Einladungen nach Finnland. Namen wie Kauniainen gewannen für uns Bedeutung. Fünf Erweckungsbewegungen haben die Geschichte des Protestantismus in Finnland geprägt. Jetzt genauso im zahlenmäßigen Niedergang wie der deutsche Pietismus. Eero Junkkala war über Jahre hinweg ein treuer Glaubensfreund. Einmal fragte er mich in Helsinki oder Kauniainen nach einem Vortrag: »Sind Sie nicht ein einsamer Wolf?« Es blieb mir immer ein Rätsel, weshalb der Protestantismus in Nordeuropa, in dem die Menschen sonst so beharrlich sind, so rasch ins liberale Lager, ja in zunehmende Bedeutungslosigkeit überging.

Weil ich vorhin die beiden Studentinnen aus Finnland erwähnte: Beiden verdanke ich ein echtes Abenteuer. Bei meinem letzten Besuch in Helsinki in den 90er-Jahren wollten sie mir unbedingt einen echten, frischen Lachs mitgeben. Sie steckten ihn am Abreisemorgen ans Fenster meiner Unterkunft. Trotz meiner Ungeschicklichkeit entdeckte ich ihn. Ich verpackte ihn sorgfältig, denn ich wusste, dass er während der Reise auftauen musste. Im Flugzeug hatte ich dann ein mulmiges Gefühl. Ich spürte, wie der Lachs in meinem Bordcase neben meinen Füßen auftaute. Würden die Stewardessen ihn entdecken? Riesig erleichtert brachte ich das Bordcase aus dem Flugzeug, angelte mein Gepäck und stürzte auf Herrn Kast im Dienstwagen zu. Ich glaube, der Lachs tropfte echt. Herr Kast wusste immer etwas, und so konnte ich den Fisch fast finnlandfrisch meiner Gudrun überreichen.

Am Beginn der 80er-Jahre flogen wir erstmals nach Rumänien. Andreas und Martha Lahner, beide aus Siebenbürgen, hatten uns gefragt, ob so etwas möglich sei. Nach einigen Vorbereitungen wagten wir es. Das persönliche Risiko war begrenzt. Aber für diejenigen, die wir besuchen wollten, mussten wir fürchten. Das Ganze war so angelegt, dass wir mit »Herties Glücksreisen« als Touristen für vierzehn Tage einreisten, und zwar ins Skigebiet von Poiana Braşov, auf Deutsch Schulerau, in den Karpaten über Kronstadt = Braşov. Mit dem Bus konnte man runter nach Kronstadt. Man muss sich klarmachen, dass damals Ceaucescu mit einem strengen kommunistischen System über Rumänien herrschte. Ich aber war gekommen, um in Kronstadt Bibelwochen zu halten. Unsere Methode war einfach und lief mit den staatlichen Gesetzen äußerlich konform. Wir wechselten jeden Abend die Gemeinde: die ungarische, die baptistisch-deutsche und die deutsche Brüdergemeinde. Gudrun und ich nahmen unter den Gemeindegliedern Platz. Irgendwann sagte dann einer der leitenden Brüder: »Wir haben Gäste aus Deutschland hier. Würdet ihr ein Grußwort sagen?« Das war erlaubt. Wir wussten oder vermuteten, dass jeden Abend jemand von der Polizei anwesend war. Würden die Gemeinden Schwierigkeiten bekommen? Wir atmeten auf, dass das nicht der Fall war. Mein Grußwort dauerte dann jeweils circa eine halbe Stunde und bildete den Bibelabend. Was hat diese und vier Jahre später eine zweite solche Reise an Segen für uns gebracht!

1986 fand unsere erste Korea-Reise statt. Die Koreaner bezahlten den Flug, die Unterkunft, das Essen, einfach alles, was anfiel. Ich hielt das damals für selbstverständlich. Heute begreife ich, was sie für uns getan haben. Ausgangspunkt der Einladung und der Reise waren unsere ehemaligen Studenten und Doktoranden, in erster Linie Hae Kyong Chang, einer der treuesten Menschen, die ich je kennenlernte. Man muss dazu sehen, dass unser Förderungssystem im Bengel-Haus das wohl effektivste war, das man sich vorstellen kann. Die Idee eines deutschen Tyndale House, die Hengel so hartnäckig vertrat, war daneben wirklich armselig. Wir nahmen die zu uns kommenden Koreaner nach Prüfung ihres Hintergrunds und ihrer persönlichen Situation auf, gaben ihnen mitten unter unseren Studierenden ein Zimmer zum vollen, halben oder zum Null-Preis und gliederten sie in unsere Konventsgruppen ein. Bei Gemeindebesuchen konnten sie ein authentisches Zeugnis geben. Auf diese Weise nötigten wir sie, ununterbrochen Deutsch zu sprechen. Notfalls gaben wir auch ein finanzielles Stipendium gegen das Versprechen, wieder nach Korea zurückzukehren. Sprachen sie genügend Deutsch, dann hielten sie auch Andacht. Vom ersten Tag an war klar, dass sie wissenschaftlich, aber biblisch-historisch und nicht historisch-kritisch arbeiten sollten. Meines Erachtens und ihrer eigenen Aussage zufolge entsprach dies ihrem Werdegang und der Position ihrer bisherigen Ausbildungs-Institutionen. Inzwischen saß eine ganze Reihe von ihnen auf Lehrstühlen in Korea. Und sie waren es, die unsere Reise organisierten.

Der Reisebeginn fand unter seltsamen Umständen statt. Bis direkt vor der Abreise hielt ich eine Bibelwoche in Blaubeuren auf Einladung der Evangelischen Buchhandlung, die von Freunden, der Familie Riderer, geführt wurde. Ich wohnte in Weiler. Plötzlich fiel mich hohes Fieber an, bis nahe 41 Grad. Ein Arzt schien mir jetzt zu umständlich. Mit

Ruhe und viel Aspirin bekämpfte ich das Fieber, aber es kam neu zurück. Ich kämpfte mich bis zum letzten Abend durch. Kaum schaffte ich den Heimweg nach Tübingen. Übermorgen nach Korea? Scheinbar unmöglich. Aber die Reise war organisiert. Wir beteten, ich aß Aspirin, wir flogen. Auf dem Flug wurde ich gesund. Ich sehe noch die roten Kreuze beim Anflug auf Seoul. Zahllose rote Kreuze über zahllosen Kirchen in der Nacht. Rot ist für Koreaner die Farbe des Lebens.

Wir kamen unter bei ACTS, dem Asian Center for Theological Studies. Es folgten drei Wochen Vorlesungen, etwa fünfzig Lektionen auf Englisch. Neben dem ACTS war ich am Hapdong Seminary. Pfarrer Park trug überall meine Tasche, er hatte alle Bücher der Bibel ausgelegt. Tagelang fuhren wir auch den Han-Fluss hinauf zu einem Institut, das an das ACTS angeschlossen war. Hinzu kamen Predigten. Unvergesslich die Riverside Church: 240 Gemeindeglieder, davon 60 Diakone, mehrere Pfarrer, circa 300–500 Gottesdienstbesucher, das alles über einem Supermarkt. Am Eingang freundliche Begrüßung durch mehrere Diakone. Als ich zur Predigt auf die Kanzel hinaufsteigen wollte, schrien einige Pastoren entsetzt auf. Ich hatte noch meine Schuhe an. Aber damals ging man nicht mit Schuhen auf die Kanzel, »denn der Ort, darauf du stehst, ist heiliges Land« (2. Mose 3,5).

Blicke ich heute, dreißig Jahre später, auf jene Reise im Jahr 1986 zurück, dann bricht eine starke Wehmut auf. Es ist nicht nur ein Heimweh nach jenem alten Korea, das wir noch erlebten: das Korea der völlig braunen Berge nach einem schweren Winter, der dann unzählbar an den Berghängen hervorbrechenden violetten Blumen, der wie ein Märchen im alten Seoul stehenden alten Holzhäuser, der auf den Gassen ausgelegten Holzroste, der völlig ohne Melodie singenden Hochzeitsgesellschaften. Es ist eine Wehmut in Erinnerung an die noch jugendlich einladenden und missionierenden Kirchen. Damals rechnete man mit 40 Prozent Christen und erwartete in Bälde eine christliche Majorität. Der Anteil der Katholiken betrug 6 Prozent an der Bevölkerung. 2017 gibt »Der Neue Fischer Weltalmanach« den christlichen Anteil an der Bevölkerung mit insgesamt 29 Prozent an, und zwar 18 Prozent Protestanten und 11 Prozent Katholiken. Der Buddhismus hat wieder die Führung übernommen. In den Millionenstädten stehen die ersten Moscheen.

Was ist die Ursache? Meines Erachtens ist es eindeutig der theologische Liberalismus und das Programm einer Ökumene der Religionen, das den meisten protestantischen Kirchen die missionarische Kraft, ja gar die missionarische Zielrichtung genommen hat. Damals, 1986, war die ganze Atmosphäre aber noch anders. Die Professoren unserer theologischen Ausbildungsstätten wanderten noch auf die Gebetsberge, um dort die Nacht im Gebet zu verbringen. Um fünf Uhr morgens trafen sie sich mit anderen zur Gebetsgemeinschaft. Die Ablehnung der historischen Kritik des Westens bestimmte die Vorlesungen. Die meisten waren zugleich Pastoren in irgendeiner Gemeinde. Fragte man nach dem Grund des Wachstums der Gemeinden, erhielt man mehrfach die Antwort: »Leiden und die Bibel.« Die Geschichte der koreanischen Christen war von Anfang an, als man dem ersten Missionar am Ufer den Kopf abschlug, eine Geschichte des Leidens. So freudig sie überschäumen konnten, so sehr prägte sie eine Disziplin des Glaubens und nicht ein nebulöser Enthusiasmus.

1995, bei unserer zweiten Reise, war die Atmosphäre schon ein Stück weit verändert. Korea hatte Industrie und Logistik weit nach vorne gebracht. Das Wachstum der christlichen Gemeinden begann zu stagnieren. Noch immer wurden wir rührend umsorgt. Dabei tat Familie Chang unendlich viel für uns. Hae Kyong fuhr sogar mit uns nach Kwangju, der alten Residenz des Südreichs, mit seinen wunderbaren geschichtlichen und archäologischen Schätzen. Ich sah das berühmte weiße Pferd, das Ur-Wappen-Tier Koreas, und begriff zum ersten Mal, dass die Koreaner aus den Völkern Sibiriens hervorgegangen sind. Ihr altes Königreich Koryo ist fast deckungsgleich mit dem heutigen Nordkorea.

Von ihrem ältesten Ursprung erzählen sie, dass er in Zentralasien liege und sie deshalb mit den Indogermanen verwandt seien. Wie liebte ich König Sejong, dem wir in Seoul begegneten, den König mit dem Buch in der Hand! Wo hat ein Volk sonst seinen berühmtesten König mit einem Buch – und nicht einem Schwert – in der Hand dargestellt!

Diesmal kamen wir auch zur Koreanischen Evangelischen Allianz, zur Methodistischen Universität und einer Reihe anderer Hochschulen. Die Fragen der Studenten zeigten, dass inzwischen die historisch-kritische Literatur weit verbreitet war. Eine unvergleichliche Freude erlebte ich in der Begegnung mit unseren früheren »Bengeln«, Familie Chang, Familie Oh, Familie Yim und anderen. Eine Einladung bei Heung Bin Yim, inzwischen Professor an der Methodistischen Universität, hat sich mir besonders eingeprägt. Wir saßen auf niederen Polstern, und der Gastgeber sagte ein ums andere Mal: »Viel essen, Doktor Maier, viel essen!« Eine besondere Runde erlebten wir auch mit der jüngeren Generation der ACTS-Dozenten. Wir fuhren zu einem Landlokal mit der Spezialität *Bulgogi*. Daneben gab es Fisch in seiner nationalsten Form: ungekocht, roh, direkt aus dem Meer. Mit meinem Magen, der auch damals noch krank war, konnte ich ihn nicht essen. Gudrun aß ihn. Insgesamt war es ein herrliches Essen und ein herrliches Gespräch.

In Korea wurde mir erneut deutlich, dass das Evangelium in alle Völker eingehen kann. Es ist taghelles Licht, das in allen Kulturen aufleuchtet und unter allen Menschen, gleich welcher Provenienz, Gemeinschaft schafft. Darin liegt ein Grundunterschied zum Islam, der nicht ohne die Arabisierung der Kulturen denkbar ist.

Geplante Reisen nach Japan und Mikronesien zerschlugen sich. Dagegen kam ich noch während meiner Bengel-Haus-Zeit in Kontakt mit Hongkong, Singapur und Indonesien. Überall waren es »Bengel«, die mich herzlich einluden. Auf dem Weg nach Korea konnten wir einen Zwischenstopp in Hongkong machen. Hier war es Peter Chang, der zusammen mit seiner China Graduate School of Theology die Reise organisierte. Wir wohnten im 36. Stock eines Hochhauses, unter uns das Hafenbecken mit Booten, Schiffen, quirlendem Verkehr. Auf dem Festland, in Kowloon, besuchten wir einen buddhistischen Tempel an einem ganz normalen Werktag. Pulsierendes Leben, Lachen, Gruppen, Familien, Devotionalien, lebhafter Stäbchen-Verkauf. »Wozu?«, fragte ich Peter. »Sie wollen die Gottheiten günstig stimmen« – zu Glücksspiel, Pferdewetten, Genesung Kranker. Meinem Eindruck nach stimuliert der Schamanismus den »normalen« Menschen viel leichter zu religiösen Empfindungen oder Verhaltungsweisen als der christliche Glaube. Der christliche Glaube ist etwas Überweltliches. Aber wie viel Schamanismus steckt auch in einem Christen? Man braucht sich nicht zu wundern, dass Indianer und Afrikaner so schnell in schamanistische Gewohnheiten zurückfallen, auch wenn sie Christen geworden sind. Und Europa? Vielleicht ist unser europäischer Atheismus nur eine Nebenform des Schamanismus. – Wir behielten eine tiefe Liebe zu China und chinesischen Menschen. Manche, wie Peter Chang und seine Frau oder Wai Kwong Sun, sind uns jahrzehntelange Freunde gewesen.

Singapur, das ich zusammen mit Eberhard Hahn eine Woche lang bei einer Konferenz der Weltweiten Evangelischen Allianz als Mitglied von deren Theologischer Kommission erlebte, blieb mir fast unwirklich fremd. Die Taxifahrer waren Malaien. Ohne Worte ließen sie spüren, dass sie Singapur als ihr Land betrachteten. Vor Antritt der Reise hatte ich eine Menge Informationen über die starke christliche Präsenz in

Singapur. Nun war ich tief enttäuscht, dass vom Christentum außerhalb des Konferenzgebäudes nichts zu spüren war. Ich sah weder Kirchen noch christliche Lebensäußerungen. Was für ein Unterschied zu Korea! Seit damals bin ich noch vorsichtiger gegenüber christlichen »Erfolgsmeldungen« geworden.

Dafür hatte ich ein tief eindringendes geistliches Erlebnis. An einem der Abende, die ich in Singapur war, fand eine wichtige Vorstandssitzung im Albrecht-Bengel-Haus statt. Ich kannte die Tagesordnung, wollte dafür beten, kam aber den ganzen Tag nicht dazu. Am Abend jedoch überfielen mich alle möglichen Gedanken und Befürchtungen, und ich ging etwa um halb elf auf die Knie, um für diese Sitzung zu beten. Ich erhob mich, und es traf mich wie ein Schlag: Um halb elf abends musste doch die Sitzung schon vorbei sein! Ich war zu spät! Ich betete ganz einfach: »Herr, du kannst auch rückwärts wirken, du bist an keine Zeit gebunden.« Getröstet stand ich auf. Dann durchfuhr mich ein Blitz: Singapur war doch der mitteleuropäischen Zeit um sechs Stunden voraus! Wenn ich in Singapur abends um halb elf betete, dann war es in Tübingen erst halb fünf am Spätnachmittag. Die Vorstandssitzung hatte noch gar nicht begonnen! Ich war im Frieden. Der Herr konnte »rückwärts wirken« und hatte es in diesem Fall in der einfachen Form getan, dass er die Zeitverschiebungen in seiner Schöpfung zum Zuge kommen ließ. Keine Seite dieses Ereignisses, weder die real-zeitliche noch die göttlich-souveräne (vgl. Daniel 2,21), kann man streichen.

Indonesien: Zweimal war ich zu Vorträgen dort, das erste Mal zwei Wochen noch während meiner Bengel-Haus-Zeit. Dorothy Marx gehörte zu den führenden Persönlichkeiten des STTB, des bekannten Bandung-Seminars. Im Alter von 62 Jahren kam sie ins Bengel-Haus, um in Tübingen zu promovieren. Die Begegnung mit ihr prägte die ganze Bengel-Haus-Gemeinschaft. Schon die Anbahnung war ungewöhnlich. Ich erhielt von ihr, die mir bisher total unbekannt war, einen exempt langen Brief. Wenn ich sie aufnähme, käme sie dann und dann. Sie würde zuvor eine Ladung Kisten mit Büchern per Schiffsfracht schicken. Erstaunlicherweise kamen sowohl die Kisten als auch sie selbst zum angegebenen Zeitpunkt an. Sie selbst: schmächtig, kaum über 45 Kilogramm, lebhaft, mit der Willensstärke mehrerer Menschen, aber sofort bereit, zu gehen, wenn man das Gespräch beenden wollte. Super musikalisch, mit schrecklich schwachen Händen, fast hätte sie Musik studiert, fantastisch als Klavierspielerin. Und wie entschieden für Jesus! Langsam wurde uns ihr Hintergrund klar. Dorothy Marx war die Tochter eines Münchner Rechtsanwalts, der sie 1938 gerade noch heraus zu jüdischen Verwandten in England brachte. Ihre ganze Familie kam im KZ um. Auf den seltsamsten Wegen erfuhr sie als Jüdin in England etwas vom Christentum. Sie bekehrte sich zu Jesus, brach andere Berufsvorbereitungen ab und hatte fortan nur ein Ziel: Missionarin unter Chinesen zu werden. Aber nicht in China! Sondern ausgerechnet unter der chinesischen Minderheit in Indonesien. Sie ließ sich nach langen Jahren in Indonesien naturalisieren, wurde Dozentin und Professorin an dem von chinesischen Christen getragenen Bandung-Seminar, begeistert geliebt von den Studierenden, fuhr nach Tübingen, wurde erfolgreich zum Dr. theol. promoviert, setzte eine einflussreiche Tätigkeit als Dozentin und Professorin in Bandung fort und war in halb Indonesien eine gesuchte Predigerin und Referentin. So herzlich lud sie mich mit Gudrun ein.

Die Zeit in Indonesien wurde zu einer fast im Übermaß gefüllten Zeit. Ich konnte alle Vorlesungen auf Deutsch halten, weil Dorothy übersetzte. Wir aßen auf Einladung eines chinesischen Kirchenführers vornehm wie selten. Die Studierenden sahen aus, als würden sie aus allen Völkern der Welt kommen, obwohl sie alle aus Indonesien stammten: europäisch-chinesische Mischlinge, Chinesen von nord- und südchinesischer Abkunft, Batak aus Sumatra, Maduresen, Javaner, Molukker, Menschen von Sulawesi, Flores und ganz dunkle, eng mit den Papuas verwandte Timoresen. Was für ein reiches, unglaubliches Land! In unseren Augen mit tief tragischen Zügen in seiner Geschichte. Bis zu Luthers Zeit (1512) ein reines Hindu-Land, dann die islamische Eroberung, die Unterstützung des Islam durch Portugiesen und Holländer seit dem 16. Jahrhundert, um mithilfe der muslimischen Sultane ihre Kolonialherrschaft zu errichten.

Bisher hatte ich in der Gemeindepresse, in der Synodal- und Gremienarbeit immer nur von den Kolonialmächten als Schutzmächten der Mission erfahren. Was für eine Verlogenheit auch in unsrer kirchlich-populistischen Presse und

Information! Statt von der Ambivalenz des Kolonialismus als Förderer und Feind der Mission zugleich zu sprechen, betete man die antimissionarischen Äußerungen in der Gesellschaft nach. Wie tapfer sind die Völker Indonesiens bis heute! Es gab noch hinduistische Dörfer sogar auf Java, es gab das hinduistische Bali, es gab christliche Inseln wie Timor, es gab die Schattenspiele, die Fluggesellschaft Garuda, das Schauspiel vom Affengeneral.

Aber langsam aus dem Untergrund wachsend, von wahhabitischen Stipendiaten aus Riad und Mekka geführt, auch mehr und mehr Scharia-Vorschriften und Morde an Christen. Droh- und Druckkulissen bauten sich auf. In Jakarta, wo ich ebenfalls Vorträge hielt, baute man eine lautsprecherstarke Moschee dicht neben das christliche Institut. Unsere Studenten hatten Angst, nachts auf die Straße zu gehen. Christliche Kirchen brannten. Auf einer Fahrt durch Jakarta sah ich eine dieser erst kürzlich zerstörten Kirchen. Ein Student in unserem Auto war dabei gewesen, als die Gemeinde am Sonntagmorgen zu der zerstörten Kirche kam. »Und was tut der Pastor jetzt?«, fragte ich. Der Student gab eine klassische Antwort. »He preaches« (er predigt). Heute (2017) ist das Christentum auf den Molukken teilweise ausgerottet, der christliche Gouverneur von Jakarta, Purnama, nach einem islamistischen Schauprozess im Gefängnis. Für Europa ist jedoch der Mord an Christen kein Thema.

Mitten im Vorlesungszyklus packte mich ein Fieber. Dorothy schenkte mir Äpfel aus Neuseeland und x Medikamente.

Nichts half. Ich wurde ins riesige Krankenhaus gefahren. Dorothy bahnte einen Weg, bis sie vor einem bestimmten Zimmer stand. Heraus kam eine junge chinesische Ärztin, eine ihrer Predigthörerinnen. Ich weiß keine Einzelheiten mehr. Spritzen, Behandlungen, Messungen, wieder Bettruhe, Gebet im STTB. Am nächsten Morgen machte ich in der Vorlesung weiter, als wäre nichts gewesen. Rasend schnell ging es auf den Heimflug zu. Da packte Gudrun das Fieber. Es stieg auf nahe 41 Grad, sie hatte es schwer, sich zu rühren. Am nächsten Tag sollten wir mit der Thai International unendlich lange fliegen, im Nonstop-Flug nach Frankfurt. Ich musste entscheiden, und ich entschied: Wir fliegen. Dorothy sagte: »Ich bete, dass ihr einen besonders guten Heimflug habt.«

Ihr Chauffeur fuhr uns zum Flughafen nach Jakarta. Erste Auskunft, am Schalter und per Anzeige: Unser Flug war überbucht, unsere Tickets galten nicht mehr. Am Schalter dann eine zweite Auskunft: Wir nehmen Sie in die Erste Klasse im Buckel der Boeing. Kaum zu glauben: Wir stiegen die Flugzeugtreppe hinauf, auch Gudrun. Wir wurden empfangen, wie es bei den Thais der Ersten Klasse entsprach. Fast meterlange Sitze, jede Bank eine eigene Stewardess. Gudrun schlief völlig ruhig und konzentriert. Obst, Kaffee, ein wenig Wein, Auswahl an Essen. Der schönste Flug, den wir je gemacht haben. Ohne Aufpreis. In Frankfurt war Gudrun schon halb gesund. Dorothy hatte gebetet: »Herr, gib ihnen einen besonders guten Flug.« Ihr Gebet wurde bis zum letzten Strich erhört. Ein Teil meiner Vorträge wurde in die indonesische

Sprache übersetzt und in eine Zeitschrift aufgenommen.[5] Indonesien könnte heute christlich sein. Aber den Europäern waren die Gewürznelken wichtiger.

Auf die entgegengesetzte Seite des Erdballs führten uns die Reisen, die wir für die Deutsche Indianer Pionier Mission (DIPM) unternahmen. Seit 1981 war ich Mitglied des Vorstandes der DIPM. Der alte Pfarrer Hellmut Lang hatte mich gebeten, bei ihnen mitzuarbeiten. Unter Hinweis auf die Überlastung im Bengel-Haus lehnte ich zunächst ab. Seine Antwort lautete: »Bruder Maier, der Herr wird Ihnen das Geschenk des Zeitgewinns machen.« – »Wenn Sie meinen«, entgegnete ich und sagte zu. Schon 1982 ging es zum ersten Mal hinaus nach Brasilien und Paraguay. Damals hatte ich entsetzliche Flugangst. Ich meinte, es nicht überleben zu können, als wir beim Überqueren des Äquators in die berüchtigten Turbulenzen gerieten. Und als Gudrun beim Anflug auf Rio de Janeiro begeistert aus dem Fenster deutete: »Da, da, der Zuckerhut!«, krampfte sich alles in mir zusammen. Zuerst kamen wir zur Feldkonferenz nach Curitiba. Unser Konferenzort war Lar Rogate (»Gebetshaus«). Damals hatten noch die Marburger Diakonissen dessen Leitung inne. Wir wurden unsäglich verwöhnt. Jeden Abend brachte Schwester Johanna tropische Früchte in unser Zimmer. Das rote Holz der Wände atmete unbeschreiblichen Frieden. Das Essen ähnelte immer wieder einem Churrasco, der berühm-

---

5   Nach meiner Erinnerung in die Zeitschrift »Stylos«.

ten brasilianischen Fest-Fleisch-Mahlzeit. Eines der ersten Worte, das ohne Anstrengung über unsere Lippen kam, hieß »cafezinho«, kleiner wunderbarer Paranagua-Kaffee. Die Missionarinnen und Missionare mit ihren Kindern waren uns schon nach Stunden nahe. Ich hielt die Bibelarbeiten und einige Vorträge. Zwei oder drei Tage war »Reichs-Gottes-Arbeiter-Konferenz«, das heißt, benachbarte Missionen und Gemeinden nahmen teil.

All die Verrücktheiten, die man in Deutschland über Mission und Indianer erzählte, waren so weit entfernt wie die Reisestrecke nach Deutschland Kilometer zählte. Dafür Belastungsprobleme und Strategie-Probleme: Ist Schulung wichtig, und wo? Welchen Stellenwert haben praktische ärztliche Hilfe und Landwirtschaft? Was hätten hier die Apostel gemacht? Der Flugzeugabsturz im Gewitter vor wenigen Jahren mit sieben Toten aus der Mission war noch unvergessen. Manchmal spielte es doch eine Rolle, dass unsere Mission im Vergleich zu ihrer Größe die wohl glaubensfarbigste unter allen deutschen Missionen war. Nach meiner Erinnerung arbeiteten damals schwäbische Pietisten, norddeutsche Lutheraner, Mennoniten, wolhynische Freikirchler, Baptisten und Deutsch-Brasilianer undefinierbarer Prägung bei uns zusammen. An ein gemeinsames Glaubensbekenntnis wäre nicht zu denken gewesen. »But they work.«

Im Anschluss an die Feldkonferenz im brasilianischen 900 Meter hoch gelegenen Curitiba fuhren wir nach Paraguay, um mehrere Stationen zu besuchen. Jetzt begannen die

Tropen. Damals, als es noch Wälder gab, gab es in Asuncion jeden Mittag ein starkes Gewitter. Jetzt herrschten 40 Grad, während es in Curitiba manchmal kühl gewesen war. Hatte man in unserer Zentrale Hunger, holte man einfach Papayas von den Bäumen. Wir waren stark verzäunt, Hunde schweiften über das Grundstück, denn die Kriminalität war hoch. Bei unseren Nachbarn dasselbe. Dann die Weiterreise nach M'boijaguá mit Harald Fürstenau. Zahlreiche Momente jener Reise bleiben auch nach 35 Jahren unvergesslich. Woher nahm ich ungeduldiger Mensch auf einmal die Geduld, bis nachts 10 oder 11 Uhr auf den Bus zu warten, der uns in den Nordosten bringen sollte? Er kam.

Die Nachtfahrt im Wortsinn fabelhaft. Der Fahrer trank ununterbrochen Tereré, von einer weiblichen Person zusätzlich wach gehalten. Die Asphalt-Straße endete nach Colonel Oviedo. Indianische Namen wie Curuguaty brannten sich ins Gedächtnis. Ein Klo neben dem Bus, durchsichtig und doch höchstanständig. Dann die berühmte Brücke. Zwei Balken waren über den mittelgroßen Fluss gelegt. Das rechte Vorderrad und rechte Hinterrad gehörten auf den rechten Balken, die beiden linken Räder auf den anderen. Vor der Brücke Schlaglöcher. Der paraguayische Fahrer ließ den Bus einfach über die Balken fahren. Sofort nach Überquerung des Flusses brüllten und schnarchten die Fahrgäste weiter. Wo konnte ich im Leben jemals wieder solche Sterne sehen? Milchweiße Kühe lagen bewegungslos auf dem Weg. Als der Wald begann, stieg die Mennoniten-Familie aus: Vater, Mutter, Kinder verschwanden im Gänsemarsch im Urwald. Die mennonitischen Gemeinden in Südamerika trennten sich voneinander unter anderem wegen der Frage, wie breit die Hosenträger sein sollten. Die Mennoniten-Familie in unserem Bus hatte ausgesehen wie eine friesische Familie des 17. oder 18. Jahrhunderts.

Wie lernte ich die Mennoniten schätzen und lieben! Es ist mir immer noch ein Rätsel, wie sie ihr Deutsch über den Zweiten Weltkrieg hinweg bewahrten. – Nun waren wir dran mit Aussteigen. Vier Kilometer Fußmarsch durch den Urwald lagen vor uns. Harald mit seiner Eisennatur trug eine große Kiste mit lauter Ersatzteilen und Werkzeugen. Er baute selbst alles Nötige zusammen. M'boijaguá, auf Deutsch »Wasserschlange«, war neben Pirajuí unsere Vorzeigestation in Südamerika. Indigene Älteste leiteten die Gemeinde. Im Wechsel mit Harald predigten sie. Harald verstand sich als Lehrer und begann wohl damals schon mit seiner Bibelübersetzung ins Guaraní. Er wollte zusammen mit Edda, seiner Frau, ganz bewusst genauso leben wie die Indianer. Unsere Übernachtung in seiner Hütte war etwas vom Einfachsten und Naturnächsten, was wir je erlebt haben. Heute ist M'boijaguá, das wir mehrfach besuchten, nach einer dramatischen Geschichte der Mission verloren gegangen. Die junge Generation vertrieb unsere Missionare. Zwanzig Jahre lang teilte ich die Geschichte der DIPM, davon zehn Jahre als Vorsitzender, bis mich das Bischofsamt nötigte, den Vorsitz aufzugeben. Mitglieder allerdings sind Gudrun und ich bis heute geblieben, und unsere heiße Liebe zur Mission ist nicht erloschen. Manchmal suchte mich direkt die Versuchung heim, hauptamtlicher Missionsleiter bei unserer Mission zu werden.

Im Grunde habe ich mit der Erwähnung dieser Reise ein weites Feld betreten. Es ist der Anteil, den wir an der christlichen Mission genommen und auch von ihr empfangen haben. Dieser Anteil bezog sich zunächst auf Südamerika, erstreckte sich über den Missionszweig des Bengel-Hauses und dessen Stipendiaten, aber allmählich auf sämtliche Kontinente. Diese Teilnahme an der Mission über 40 Jahre hinweg – Prälatur und Bischofsamt eingerechnet – gehört zu den geheimnisvollen Privilegien der Gnade Gottes in unserem Leben.

In den 80er-Jahren trafen wir in den Indianersiedlungen noch eine Steinzeit-Kultur. Affen schoss man mit Pfeilen im Urwald, von jungen Schweinen, die wir zum Aufbau einer Viehzucht schenkten, schwamm bald der Kopf in einem Topf über dem glosenden Feuer. Wir saßen auf Holzpflöcken und tranken Tereré aus einem einzigen Gefäß, das im großen Kreis umherging, wobei alle außer uns Weißen Tuberkulose hatten. Aber Markus 16,18 erfüllte sich immer wieder.

Irgendwo trug ich das selbstverständliche Überlegenheitsgefühl der Europäer in mir. Aber ich musste es bald fahren lassen. Viele Indianer waren hochintelligent, sprachen mehrere Sprachen und bekamen einen Bootsmotor unglaublich rasch in den Griff. Ihre Schamanen repräsentierten eine eigene Welt. Anders als die heutigen Europäer hielten sie die Schuldfrage und die Sühne für zentral. Hatte man gesündigt, musste man die Sünde ausspucken. »Kann dein Gott Sünde vergeben?«, fragte einer unserer Missionare, Jahrzehnte im Land, einen Schamanenpriester. »Nein«, sagte der nach einiger Überlegung, »das kann er nicht.« Dass Vergebung von Schuld nicht Gottes *métier* nach Voltaire ist, dass sie einen ungeheuren Vorgang darstellt, dass Schuld im metaphysischen Leben kaum heilbare Schäden anrichtet, dass manches nur mit Blut geheilt werden kann – darüber wussten Schamanen oft mehr als die Europäer. Kein Wunder, dass immer wieder gerade Schamanen zum Glauben an Jesus Christus kamen.

Einzigartig war es, zu erleben, wie das Evangelium in Herzen und Köpfe drang. Ich erinnere mich an einen Gottesdienst unter einem Baum. Ein Indianer aus der Siedlung hatte die Predigt übernommen. Ich dachte, er predigt bestimmt über eine Geschichte, in der Jesus auftritt, oder über einen Psalm. Nein, er nahm einige Verse aus dem Hebräerbrief, die gewöhnlich Theologen zittern machen. Und wie gut er sie auslegte! So manches davon nahm ich mit.

Damals machte ich einen wichtigen Schritt von der Theorie zur Praxis. Theoretisch war mir schon lange klar, dass das Evangelium für alle Menschen und für alle Kulturen gegeben wurde. Aber jetzt hatte ich hautnah erlebt, wie einer der schwierigsten Teile des Neuen Testaments über die zwei Jahrtausende von der Antike bis ins 20. Jahrhundert hinein, von der Kultur der jüdisch-christlichen Gemeinde des Orients bis in die indianische Kultur Südamerikas hinein seine ungebrochene und frische und authentische Kraft entfaltete. Wie unwirklich erschienen von daher die Märchen vom »antiken Menschen«, die man auf unseren Lehrstühlen erzählte! Als ob die Vertauschung der Tunika mit dem Raumfahrtanzug einen anderen Menschen schaffen würde!

Vielfalt und geschichtliche Unterschiede der indianischen Völker werden von unseren Statistiken und Almanachen nur ungenügend erfasst. Schon sprachlich ist das Bild mehr als bunt. Kadiweu, Mbeya, Aché, Caiuá, Guaraní, Paumarí, Cinta Larga, Suruí, Zoró leben alle im Tiefland, sind aber eigenständige Größen. Ein Schöpfer, der eine solche Vielfalt mit unzähligen Begabungen schafft, sprengt die Grenze jedes menschlichen Begreifens. Ich habe es in Crispinho, in der Nähe des Purus, erlebt, wie unsere Paumarí spät abends begannen, Witze über die Weißen zu erzählen. Die Weißen saßen hoch oben im Baum, hatten aber in ihrer Ordnungssucht das Seil unter sich abgeschnitten und kamen nun nicht mehr herunter. Alles bog sich vor Lachen. Natürlich hatte ich dort wie jeder anständige Mensch auch meinen Wald-Namen.

Die Steinzeitkultur ist vorbei. Söhne und Töchter studieren und drängen in die Städte. Die einen suchen sich in kürzester Zeit zu assimilieren, meist über Ehen mit sogenannten Zivilisierten. Die andern betonen ihr Anderssein als *Indigenas* und versuchen, mithilfe von Medien und nordatlantischen Nicht-Regierungs-Organisationen möglichst viel Land, Rechte und Autonomie zu gewinnen. Nirgendwo gibt es einfach »das Recht«. Den Wald vernichten alle. Das neue

Leid, das die Landbesetzer verursachen, ist so schlimm wie das alte, das sie belastet. Vermutlich wird in einer ganzen Reihe von Staaten Mittel- und Südamerikas die politische Führung wieder an die indianischen Völker übergehen. Damit wird auch der Schamanismus wieder zur herrschenden Religion. Schon heute stehen dunkle Wolken über der Mission. In unseren Schulen, die die Mission gründete und lange Jahre trug, werden die indianischen Lehrer gezwungen, an schamanistischen Kursen teilzunehmen und sie mit Schülerinnen und Schülern durchzuführen. Christliche Indianer werden teilweise aus den Siedlungen der Indigenen vertrieben. Christsein kostet. Dass christliche Organisationen daran beteiligt sind, christliche Indianer einzuschüchtern und zu bedrängen, ist eines der dunklen Kapitel, die in diesem Zusammenhang geschrieben werden.

Unvergessen bleiben die überwältigend schönen Augenblicke. Das Aufatmen nach einer an die Grenzen der mentalen Gesundheit gehenden Streit- und Beschuldigungs-Sitzung, als man danach im Frieden miteinander betete. Die drei Meter hohe »Königin der Nacht«, die um Mitternacht aufblühte. Die Gesichter der alten deutschen Frauen im Hof von Lar Rogate neben den Trompetenblüten und den Kolibris. Cerro Campi, der schönste Ort der Welt, an der ostparaguayischen Kordillere, im Sonnenuntergang. Das Zeugnis der indianischen Frau bei der Flusstaufe: »Ich werde geführt.« Das Zeugnis von Francisco, als man ihn fragte, was ihm Jesus gebracht habe: »Jetzt muss ich nicht mehr weiterziehen, wenn jemand in meiner Hütte gestorben ist.« Anastasio, der junge Indianer, der zum Häuptling gewählt wurde: »Ich will Christ bleiben.«

Aus der Bengel-Zeit erwähne ich noch kurz die Reise nach Kenia. Die ganz nah an den Bedürfnissen der verschiedenen Länder arbeitende Organisation »Hilfe für Brüder« hatte diese Reise organisiert. Zwei Wochen sollte ich am NEGST in Nairobi unterrichten. Das Ehepaar Hohnecker lebte dort und war für Verwaltung und Bau-Angelegenheiten tätig. Hugo Hohnecker hatte sich, obwohl schon im Ruhestand, entschlossen, diesen Auftrag anzunehmen. Wir konnten diesen Einsatz nur bewundern. Das Zusammenleben mit ihnen und den Lehrern und Studenten auf dem Campus bedeutete uns eine echte Glaubensstärkung. Beeindruckend war die Hingabe, mit der die afrikanischen Studenten ihren Glauben weitergeben wollten. Ich erinnere mich, dass ein Student, der außerhalb des Campus wohnte, einmal zwei Stunden zu spät zur Vorlesung kam, weil er an der Bushaltestelle einem Mann den christlichen Glauben erklären wollte. Muslimischer Einfluss war damals im Hochland kaum zu spüren.

Am Ende der Vorlesungszeit brachte man uns, ohne auf unsere Bescheidenheits-Bedenken zu hören, zu einer winzigen Maschine, die noch aus dem Zweiten Weltkrieg stammte. Sie hatte siebzehn Sitzplätze. Um uns saßen lauter Inder. Wie ein verirrter Vogel flog sie über dem Rift Valley mal hoch, mal abgesackt. Krale, Menschen, Winken in der Erdrinne da unten. Das Ziel hatten wir nicht verstanden. Dann die

Vater Heinrich Meier (1985)

Gerhard mit Mama Maria (1939)

Gerhard (links) mit Bruder
Dieter (1951)

In der Jungenschaft (1. Reihe,
2. v. links; 1952/53)

Als Abiturient (1956)

Konventsgruppe ABH (2. v. rechts; 1980)

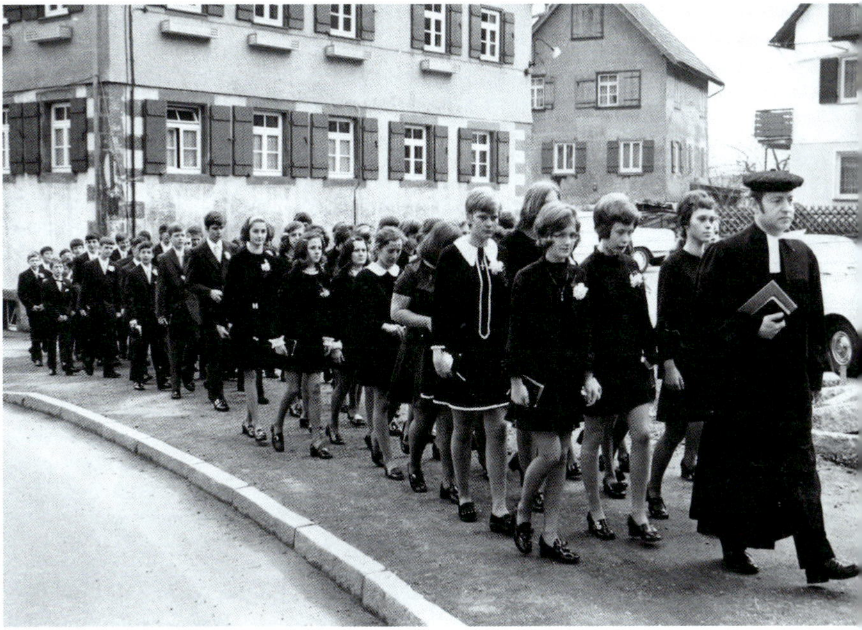

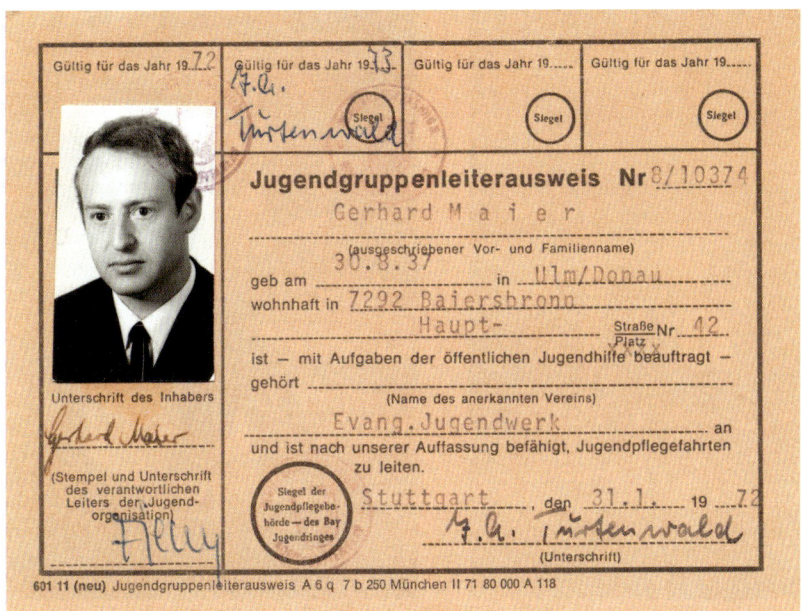

Mit seinen Konfirmanden und Konfirmandinnen (Baiersbronn, 1971)

Gültig für das Jahr 19 72
Gültig für das Jahr 19 73 F. G. Türkenwald
Gültig für das Jahr 19.....
Gültig für das Jahr 19.....

Siegel

Siegel

Siegel

Jugendgruppenleiterausweis Nr 8/10374

Gerhard M a i e r
(ausgeschriebener Vor- und Familienname)

geb am 30.8.37 in Ulm/Donau

wohnhaft in 7292 Baiersbronn

Haupt- Straße/Platz Nr. 42

ist – mit Aufgaben der öffentlichen Jugendhilfe beauftragt –

gehört

(Name des anerkannten Vereins)

Evang. Jugendwerk an

und ist nach unserer Auffassung befähigt, Jugendpflegefahrten zu leiten.

Unterschrift des Inhabers

Gerhard Maier

(Stempel und Unterschrift des verantwortlichen Leiters der Jugendorganisation)

Siegel der Jugendpflegebehörde – des Bay Jugendringes

Stuttgart, den 31.1. 19 72

F. G. Türkenwald
(Unterschrift)

601 11 (neu) Jugendgruppenleiterausweis A 6 q 7 b 250 München II 71 80 000 A 118

Jugendgruppenleiterausweis (Baiersbronn, 1972)

Familie Maier (Baiersbronn, 1973)

Gerhard Maier
(Baiersbronn, 1973)

In Israel (1995)

In Paraguay (1982)

In der Ulmer Prälatur mit einem Modell des Ulmer Münsters (1995)

In Brasilien (2000)

In Tansania mit Bischof Alpha Mohammed (2002)

In Weißrussland (2004)

Graduierung von Studenten
in Indonesien (2005)

Mit Bischof Dr. Gebhard Fürst, Rottenburg, (links) und Pfarrer
Manfred Bittighofer, Stiftskirche Stuttgart (rechts) (2004)

Goldene Hochzeit (2010)

Auf dem See Genezareth (Israel, 2014)

Landung in Masai Mara. Ich zweifle, ob so etwas jetzt noch möglich wäre. Masai Mara war der Name eines der schönsten Nationalparks Ostafrikas. Die Inder drängten lachend zur Rezeption. Dort wieder Inder. Ich versuchte, meinen Pass zu präsentieren und stammelte einige Worte. Der lange Inder überlegte. Dann sagte er: »Warten Sie noch ein wenig«, und nach einer Pause: »Sie werden zufrieden sein.«

Wir kamen als Letzte dran. Er zeigte in Richtung einiger Appartement-Häuser. Wir gingen los, die Hausnummern nahmen kaum ab, wir gingen und gingen. Das allerletzte kleine Haus in der Reihe war dann das unsere. Wir mussten es auf jeden Fall akzeptieren. Weit und breit war niemand, den wir fragen oder ansprechen konnten. Der Schlüssel öffnete. Alles sauber, Frieden ausstrahlend, genügend Platz. Die Dämmerung kam. Wir wollten noch rasch zum nahen See. Doch mussten wir schnell umkehren. Im Gestrüpp beim See meinte ich Löwen zu sehen. Wir atmeten auf, als wir die Glastür hinter uns schlossen. Schon schoss die Dunkelheit von allen Seiten auf. Wir erlebten eine seltsame Nacht. Mondlicht erleuchtete den Vorplatz. Da sahen wir eine riesige Hyäne an unserer Glastür liegen. Hinter dem Bad hörten wir deutlich die Löwen mit ihren schnarchenden Lauten. Wir wagten kaum zu atmen, schliefen aber dennoch gut.

Am Morgen begriffen wir, dass uns der Inder an der Rezeption etwas besonders Gutes tun wollte. Er gab uns das äußerste Haus, sodass wir wirklich schon unter den Tieren lebten. Wie freuten wir uns an der frühen Sonne, den Bäumen, den Pflanzen, den Blumen. Lange Reihen Tische und Bänke zum Frühstück. Ein unwirklicher Morgen. Affen auf den Dächern. Als die Tische sich leerten, wie auf Kommando ein Sturm der Herde in die Reihen. Wir flohen – dass man vor Affen so Angst haben kann! Dann in den Jeep. Dreißig Meter vorbei an den Löwen der Nacht. Sie schliefen. Auf einem Baum der Leopard. Unendliche Herden wie in Grzimeks Filmen. Das konzentrierteste Erlebnis am Fluss. Unerwartet schmal und tief, voller Nilpferde und Krokodile. Mahnung zur Vorsicht. Die Schöpfung ist beides: unendliche Schönheit und unendlicher Kampf. Das überfallartige Wochenende schloss fast abrupt mit dem schnellen Rückflug. Im Herzen stak fest: Kekorok und Masai Mara – so etwas wird es für die Menschen bald nicht mehr geben.

Die insgesamt 22 Jahre am Bengel-Haus (1. November 1973 bis 31. Juli 1995) neigten sich schneller einem Ende zu, als ich angenommen hatte. Wie so vieles in meinem Leben hatte dieser Zeitraum eine doppelte Prägung. Da war auf der einen Seite eine insgesamt glückliche Gemeinschaft mit dem Lehrerkollegium und den Studenten. Vieles Belastende war entwichen. Was für ein prachtvolles Kollegium hatten wir: Heiko Krimmer, Claus-Dieter Stoll, Eberhard Hahn, Hartmut Schmid, Werner Neudorfer, Volker Teich, Werner Trick, Friedemann Kley, Martin Hirschmüller, Dirk Scheuermann, Torsten Morstein, Ralf Albrecht, später kamen noch Rolf Hille und Tobias Eißler dazu.

Da waren aber auf der anderen Seite Entwicklungen mit einer Eigenmotorik, die kaum zu beeinflussen war. Ein Rätsel blieb, weshalb der überwiegend konservativ zusammengesetzte Oberkirchenrat in Stuttgart nicht stärkere missionarische Impulse setzen konnte. Oft war es nur ein braves Hin und Her. Ein Rätsel blieb mir persönlich, weshalb die Tübinger Fakultät nicht entschlossen und handlungsfähig die Chancen der Erneuerung aufgriff, die durch das Bengel-Haus zweifellos gegeben waren. Die alten Meinungs-Standards lebten fröhlich fort: Der Pietismus als frömmlerisch und untheologisch, Gestalten wie Heim und Schlatter als Randfiguren, und natürlich: »Hinter die Aufklärung können wir nicht zurück.«

Das Bengel-Haus stand die ganzen Jahrzehnte hindurch in einem Kampf mit der gemäßigten historischen Kritik. Eine Auseinandersetzung mit der radikalen Kritik war nicht nötig. Die widerlegte sich selbst. Aber die Meinung, als bekenntnisfreundlicher Pfarrer der Kirche unter Aufnahme moderner kritischer »Erkenntnisse« einen guten Dienst tun zu können, war in Württemberg zum Mainstream geworden. Diesem Mainstream diente die Fakultät, und zwar auch in den Teilen, die sich der Tübinger Biblischen Theologie verpflichtet fühlten. Sie dachten an eine Verbindung von modernem kritischem Wahrheitsbewusstsein – was immer das sei – und Kirchlichkeit, möglichst unter Anknüpfung an die Reformatoren.

In dieser Haltung ließen sie sich nicht erschüttern durch die zweihundertjährige Erfahrung der protestantischen Kirchen, die zeigte, dass mit der grundsätzlichen Anerkennung der Bibelkritik jede biblische Aussage ins Wanken geriet. Sie ließen sich auch nicht warnen durch das Scheitern von Karl Girgensohn, der den grandiosen Versuch unternahm, auf ein bibelkritisches exegetisches Fundament eine kirchlich-reformatorische Glaubensexistenz zu bauen. Die beiden Teile fielen einfach auseinander. Einen solchen Weg des sogenannten gemäßigten Kritizismus wollten wir im Bengel-Haus nicht mitgehen. Unsere Orientierungspunkte blieben das Bibelvertrauen der alten Kirchenväter, das *Sola Scriptura* der Reformation und der wissenschaftliche Pietismus.

Wenn ich heute zurückblicke, dann wächst in mir die Überzeugung: Ich würde es noch einmal so machen. Die wenigen Jahre, die der Tübinger »Biblischen Theologie« als einem Teil der Fakultät beschieden waren, sind längst vorüber. Sie lassen sich durch keine Wehmut zurückrufen. Sie haben auch manche Frucht gebracht, zum Beispiel fähige junge Theologinnen und Theologen gefördert und andere vor dem Absturz in die Radikalität bewahrt. Aber es gab keine »rote Linie« gegen einen neuen, radikaler auftretenden Kritizismus und konnte es wegen des inhärenten eigenen Kritizismus auch gar nicht geben. Die persönlichen Auseinandersetzungen sind in meiner Sicht einer größeren persönlichen Wertschätzung gewichen. Aber die Grundfrage ist in keiner Weise befriedigend beantwortet oder gelöst. Sie steht unübersehbar wie ein Schutthügel der Eiszeit vor den folgenden Generationen. Wenn der Protestantismus sein Flussbett noch weiter von allen wichtigen Fragen der Bibelauslegung entfernt sucht, wird er das Schicksal des Lop Nor[6] erfahren.

Eine zweite Frage, die das Bengel-Haus fast unausgesetzt beschäftigte, war die Frage der Prädestination. Die Tübinger Fakultät war ja gleichzeitig lutherisch und reformiert geprägt, und beide Syndrome trafen sich in der Verfechtung der Prädestination. Studierende begegneten Dozenten, die Luthers *De servo arbitrio* für Luthers wichtigste Schrift erklärten. Der prophetische Kampf um die Willensfreiheit (5. Mose 30,15ff; Hesekiel 18; Hesekiel 33), der Kampf der Lehrer Israels gegen griechische prädestinatianische Lehren (Sirach 15,11ff), die Aussage der Pharisäer und Schriftgelehrten in den *Pirke Aboth* (»Sprüche der Väter«) III, 19, die Bekräftigung der jüdischen Lehre durch Jesus in Matthäus 23,2f, die eigene klare Aussage Jesu in Matthäus 23,37 und das Ringen der alten Kirchenlehrer um die Willensfreiheit, das bei Irenäus in sein bekanntes Kapitel *Adv. haer.* IV, 37 mündet und das mit Ausnahme Augustins die ganze mittelalterliche Kirche prägte: Vergessen schien, was Pietismus und Erweckung zu dieser Frage beizutragen hatten und was Michael Hahn in die schlichten Verse fasste: »Wenn du wirst das Herze teilen,/So kann dich der Herr nicht heilen,/Ob er gleich allmächtig ist./

---

6   Salzsee in der Wüste Lop Nor, China, der austrocknete, weil er keinen Zufluss mehr hatte. Auf dem Seeboden bildete sich ein Sumpf. (Wikipedia, zuletzt nachgeschlagen am 13.11.2018)

Jesus will kein Herze zwingen,/Seine Liebe soll uns dringen;/ Denn freiwillig ist der Christ.«[7] Im Bengel-Haus hielten wir trotz verschiedener persönlicher Färbung daran fest, dass Gott zwar alles Geschehen regiert und vorherbestimmt, dass aber der Mensch sich in freier Entscheidung entweder Gott zuwendet oder ihn ablehnt. Alles andere führt meines Erachtens in kaum zu vermittelnde Künstelei: Wenn ich hier anders urteilte als Luther, fühlte ich mich durch Martin Luther selbst gedeckt. Denn er wollte, wie er einmal formulierte, »niemand an mein Dünken oder Urteil verbunden haben«[8]. Die Erfahrungen, die ich in Verkündigung und Seelsorge machte, haben das oben Gesagte eindrücklich bestätigt.

Das Ende meiner Bengel-Haus-Zeit wurde eingeleitet durch Ereignisse in der Württembergischen Evangelischen Landessynode. Theo Sorg, seit 1988 Landesbischof, trat für viele überraschend schon mit dem Ablauf seines 65. Lebensjahres zurück, obwohl die Kirchenverfassung ein Bleiben bis zur Vollendung des 68. Lebensjahres ermöglichte. Man sagte, ein Grund für sein relativ frühes Ausscheiden sei auch der Lehrprozess gewesen, den er mutig gegen eine radikal feministische Stellungnahme geführt hatte, bei dem er aber zu wenig Unterstützung fand – wie man sagte, auch seitens des eigenen Kollegiums. Näheres wusste ich nicht, wollte es auch nicht wissen.

---

[7] Geistliches Liederkästlein von J. M. Hahn, 1. Teil, 18. Aufl., Stuttgart, 1962, 51.
[8] Luthers Vorreden zur Bibel, hg. von Heinrich Bornkamm, Hamburg, 1967, 179.

Wer sollte im Herbst 1993 für das Bischofsamt kandidieren? Ich kam seitens der Lebendigen Gemeinde, die ich als einer ihrer Sprecher in der Synode leitete, auf den Wahlvorschlag.

Die Erfahrungen mit den Medien, mit der Öffentlichkeit überhaupt, waren teilweise neu. Gewichtige evangelikale Stimmen machten mehr Propaganda für Heiner Küenzlen, den Kandidaten der Offenen Kirche, als für mich. 15 Wahlgänge lag ich vorn. Hätte das heutige Wahlgesetz schon gegolten, dann wäre ich längst Bischof gewesen. Aber mein Segen war, dass ich es damals nicht wurde. Nach dem 15. Wahlgang sagte Volker Teich, mein treuer Begleiter, seit er als Schüler in Baiersbronn in meinem Religionsunterricht gesessen hatte, zu mir: »Gerhard, es ist Zeit ...« Ich ging nach oben und erklärte meinen Rücktritt von der Wahlliste und zugleich meine Gratulation für den, der nun der Bischof unserer schönen Württembergischen Landeskirche werden würde. Als ich das Rednerpult verließ, stürzte mir Heiner Küenzlen, der als einziger auf der Wahlliste verblieben war, entgegen und erdrückte mich fast. Der nächste Wahlgang, eben nur mit ihm, schien reine Formsache. Dann der Donnerschlag: Küenzlen verfehlte deutlich die Mehrheit. Alles musste mit einem neuen Verfahren beginnen. Jedoch verblieben Heiner Küenzlen und ich die persönlichen Freunde, die wir in der Synodalzeit geworden waren.

So schnell ließen uns freilich die Vorgänge um die Herbstwahl 1993 nicht aus dem Griff. Nach württembergischem Gewohnheitsrecht bot man den gewesenen Bischofskandidaten ehrenvolle Stellungen in der Kirche an. Heiner Küenzlen bekundete dafür sein Interesse und wurde infolgedessen Dezernent im Oberkirchenrat. Selbstredend spielten hier auch die Interessen der synodalen Gesprächskreise hinein. So forderte nach Heiner Küenzlen die Lebendige Gemeinde ebenfalls einen Sitz in der Kirchenleitung. Für mich war der Alltag im Bengel-Haus längst weitergegangen.

So überraschte mich der Synodalpräsident völlig, als er mir am Telefon mitteilte, sie stünden schon in Verhandlungen bezüglich meiner Person. Ich solle mir rasch Klarheit verschaffen. Gudrun und ich waren konsterniert. Aber wir konnten der Lebendigen Gemeinde auch nicht einfach die mühsam ausgehandelten Agreements zerstören. Einige verschwiegene Freunde baten wir um Rat. Einhellige Antwort: Du musst eine Zusage geben. Dann kam der hochoffizielle Teil des Verfahrens. Im Dezember 1994 rief der inzwischen neu gewählte Landesbischof Eberhardt Renz an und teilte mir mit, dass das höchste Leitungsorgan, der Landeskirchenausschuss, mich einstimmig in eine kirchenleitende Position berufen hätte. Er betonte: »Einstimmig«. Ich hätte sogar die Wahl zwischen einer Prälatur und der Stelle eines Theologischen Oberkirchenrats. Demnach hatten auch die Vertreter von Offener Kirche und Evangelium und Kirche für mich gestimmt. Für mich eines der vielen Wunder, die nun meinen Weg in der Kirchenleitung begleiteten.

Ich entschied mich für eine Prälatur. Der spätere Werdegang sollte zeigen, dass diese Entscheidung richtig war, denn das Prälatenamt stellte die beste Vorbereitung auf das

Bischofsamt dar. Damals befand sich der Ulmer Prälat Rolf Scheffbuch, anerkannter Sprecher der Pietisten und Evangelikalen in Deutschland, kurz vor dem Ruhestand. Mir zuliebe ging er jetzt sogar ein halbes Jahr früher in Pension. So kam ich in die Ulmer Prälatur. Ausgerechnet! In Ulm war ich ja geboren und aufgewachsen.

Würde ich nach 39 Jahren Abwesenheit nun einen Stadtplan brauchen? In der Altstadt hatte sich kaum ein Mauerstein verändert, die Füße gingen immer noch automatisch ihren Weg. Nur für die Neubaugebiete brauchte ich einen Stadtplan. Gudrun und ich hielten die letzten Tage in Tübingen fast für unwirklich. Zwar blieb noch ein wenig Zeit. Denn mein Dienstbeginn in Ulm wurde erst auf 1. September 1995 festgesetzt. Aber der Umzug sollte doch schon im Juli 1995 stattfinden. Ich wollte trotz der fast 22 Jahre im Bengel-Haus keinen großen Abschied. Er blieb auch in einem schlichten Rahmen und wurde am 30. Juni gefeiert. Am 1. Juli saß ich schon im Zug nach Florenz. Gudrun sagte: »Du musst jetzt Abstand gewinnen.« Da im Bengel-Haus die Nachfolgefrage schon geklärt war, fiel manches leichter.

Und der Rückblick? Die zweiundzwanzig Jahre 1973–1995 waren meine zentralen Arbeitsjahre. Mit 36 war ich gekommen, mit 58 ging ich. Ich hatte gedacht, Gott lässt mich die ganzen Lebensjahre bis zum Ruhestand im Bengel-Haus ausreifen und erleben. Nun kam gewissermaßen von der Flanke her eine völlige Wende. Musste jetzt nach den großen »Erfolgen« nicht das große Versagen kommen?

An einem zunächst rein äußeren Ereignis wird der Wandel noch einmal deutlich. Weil mein treuer Freund Martin Holland, inzwischen Dekan in Neuenbürg, absah, dass er im Ruhestand in unsere Wohnung, die ja ihm gehörte, ziehen musste, sagte er beizeiten: »Gerhard, schau dich nach einem Alterswohnsitz in Tübingen um.« Mithilfe anderer treuer Freunde fanden wir ein kleines Häuschen in der Derendinger Bernhalde. Zehn Tage vor dem Anruf von Bischof Renz hatten wir den Kauf beim Notar im Tübingen-Derendinger Grundbuchamt festgemacht. Und jetzt? Wir behielten dies kleine Haus, aber wussten, dass wir die nächsten Jahre kaum etwas von ihm sehen würden.

Würde Jesus, der uns in den Tübinger Jahren ohne Aufhören bewahrt und getragen hatte, auch im neuen Lebensabschnitt so nahe bleiben? Doch es ging ja nicht nur um unser kleines Ich. Hatte das Bengel-Haus sich bewährt? Ein letztes Urteil muss von anderer Seite kommen. Aber meine Antwort heißt: Ja. Es hatte dem Pietismus auch im wissenschaftlichen Raum eine Stimme gegeben. Es hatte Aberhunderten von Theologiestudierenden eine Heimat und eine Begleitung durch dieses schwer umkämpfte Studium geboten. Ja, es hatte so etwas wie eine theologische Schule entwickelt. Eine Studienheim-, eine Studienkolleg-Lösung wäre in unserer Situation verheerend gewesen. Wir stellten uns exakt auf jene Mitte ein: volles Universitätsstudium mit allen Prüfungen und normalem Zugang zum Kirchendienst und zugleich eine eigene Theologie mit festen hermeneutischen Voraussetzungen.

Die Folgen bis in die persönliche Lebensgestaltung hinein bleiben eindrucksvoll. Freundschaften bewährten sich ein Leben lang. Ich denke, uns wurde eine Gleichzeitigkeit von Verbindlichkeit und Freiheit geschenkt. Jährlich hatten wir seit den 80er-Jahren etwa 50–60 Eintritte und 6–8 Austritte. Mir war es ein Anliegen, dass der Austritt von jedem Makel befreit wurde. Persönliche Kontakte, das Willkommensein in unseren Veranstaltungen sollten gewährleistet bleiben. In meiner Prälatur traf ich später immer wieder Pfarrerinnen und Pfarrer, die aus irgendwelchen Gründen bei uns ausgetreten waren und mit denen ich nun nach fünf Minuten eine gemeinsame Basis fand. Für viele »Bengel« war ich sicherlich persönlich spröde, mit einer Affinität zu einem »einsamen Wolf« und Ulmer Sturkopf. Aber was uns bis heute an Liebe und Zutrauen entgegenschlägt, ist unbegreiflich viel.

VI. ULMER PRÄLATUR

Der Wechsel vom Bengel-Haus in die Prälatur war wirklich der Wechsel in eine andere Welt. Wir zogen ausgerechnet am Schwörmontag 1995 in Ulm ein. Mit erschrockenen Augen sahen und hörten wir als Ulmer, die noch nie einen echten Schwörmontag erlebt hatten, das Fest an der Donau. Die Adlerbastei, in der wir wohnten, stand wenige Meter von der Stadtmauer entfernt. Sie schwang und zitterte, als die Merkatzer Kapelle nur vierzig Meter vom Haus entfernt dröhnte. Dass sie uns später einmal fehlen würde – unvorstellbar! Aber jetzt ging es in der ganzen ersten Ulmer Nacht durch eine Art Halb-Hölle, auf die wir in keiner Form gefasst waren.

Unvergesslich die Freundlichkeit von Frau Keinath, der Frau des Ulmer Dekans. Keinaths wohnten direkt neben uns, Prälatur und Dekanat bildeten quasi ein Doppelhaus. Jeder hatte einen kleinen Vorgarten Richtung Stadtmauer. Auch mit Dekan Keinath verstand ich mich sehr gut. Von Anfang an wirkte seine ruhige Art in der manchmal hitzköpfigen Ulmer Pfarrerschaft wohltuend.

Bis heute fällt es mir schwer, die Ulmer Jahre (1995–2001) richtig einzuordnen und zu verstehen. Das ganze Prälaten-Kollegium hatte mit der teilweise widersprüchlichen, ja unmöglichen Konstruktion zu kämpfen, die das Amt damals prägte. Nach der Verfassung waren die Prälaten der Kern des Oberkirchenrats. Aber die Dezernenten verwehrten ihnen fast jede Mitwirkung in einem speziellen Gebiet. So saßen wir oft als bloße Hörerinnen und Hörer in den Sitzungen. Ich mit meiner juristischen Ausbildung und »Binnenkonstruktion« litt besonders unter diesen Verhältnissen. Eine Form von »Rache« war es, dass sich die Prälatenbank jeden Dienstag beim »Chinesen« verabredete und dort viel Frust loswurde.

Eine zweite Welt von Widersprüchen öffnete sich durch die Beauftragung der Prälaten/Prälatinnen, »Seelsorger an Seelsorgern« zu sein. Was hieß das praktisch? Jeder Pfarrer und jede Pfarrerin wählte sich selbstverständlich die Seelsorger selbst. Und wie zog man eine Grenze zwischen dienstlichen Regelungs-Notwendigkeiten und Seelsorge-Geheimnissen? Und wo war der Punkt, wo der Dienstweg in Prälaturangelegenheiten auch die Prälaten einbeziehen sollte? Alles blieb schwäbisch ungeklärt. Was ich allmählich lernte: Das Hauptwirkungsgebiet eines Prälaten lag in Stuttgart, in der Mitgliedschaft im Oberkirchenrat, wo er die Abstimmungsergebnisse mitbestimmen konnte. In der Prälatur selbst erreichte er niemals das Gewicht der Dekaninnen und Dekane. Als Prälaten hatten wir nicht einmal die allerwinzigste Gemeinde.

Ehrenhafte Einladungen zu Predigtdiensten gab es viele. Ein Gebiet für sich stellte jedoch das Ulmer Münster dar. Höchster Kirchturm der Welt, eine der schönsten gotischen Hallenkirchen in Deutschland, 600 000–800 000 Touristen jährlich, zugleich die größte und berühmteste evangelische Kirche Württembergs! Eine Schar von Pfarrerinnen und Pfarrern, von Theologinnen und Theologen, die im Ulmer Münster predigen sollten und wollten! In dieser großen Schar genoss der Prälat nach der alten Münster-Ordnung die Position des »Frühpredigers«. Doch was hieß das? Niemals hatte ich je zuvor ein Predigtrecht oder Ähnliches in Anspruch genommen. Aber sollte ich jetzt einfach auf jene »Frühprediger«-Stelle verzichten? Wir Menschen kommen und gehen. Aber die Ämter und Aufträge haben in der Regel einen überpersönlichen Charakter. Ich halte den modern-protestantischen Satz: »Nicht das Amt trägt die Person, sondern die Person das Amt« für gänzlich falsch. In Wahrheit trägt das Amt als Gottes konkreter Auftrag den jeweiligen schwachen Menschen, der dahin berufen wird.

Ich sagte im Vorbereitungskreis, dass ich den Predigtauftrag als »Frühprediger« am Münster gerne übernehmen würde. Jetzt kam es zu einer eigenartigen Entwicklung. Frank Banse, Münsterpfarrer und nicht gerade ein Freund meines Vorgängers, unterstützte mich zunehmend, wenn es um die Suche nach Predigtterminen ging. Zwischen uns entstand eine passable Arbeitsgemeinschaft, unter Einschluss mancher Besuche bei Banses, um deren berühmten Cappuccino zu probieren. Die Grenze war erst erreicht, wenn es um »heiße Punkte« kirchlicher Ordnung ging und der Münster-Gemeinderat grundsätzlich theologische Richtungsentscheidungen traf. Schon damals gehörte dazu die Frage des Umgangs mit der Homosexualität. Hier kämpfte Frank Banse um weitestgehende Liberalität, als ginge es um sein Leben. In solchen Grundsatzfragen war ich im Münster-Kirchengemeinderat mutterseelenallein. Das Alleinstellungsmerkmal begleitete mich durch alle theologischen Lebenszentren hindurch: In der Hermeneutik unter den Evangelikalen, in vielen Prälaturangelegenheiten und im Münster-Kirchengemeinderat, später im Oberkirchenrat. Oft beschäftigte mich die Frage: Warum gestaltete Jesus meinen Weg gerade in Anlehnung an Jeremia 15,19–21?

Zurück zu meiner Amtseinführung. Mein Handicap stand klar vor Augen: Ich hatte zwar genügend Erfahrung im Pfarramt, aber keinerlei Dekanserfahrung. Nun saßen vierzehn Dekaninnen und Dekane vor mir. Was sollten sie von mir erwarten? Manche meiner Freunde sagten: Mach dir keine Illusionen, das wirst du nicht packen. Die Feier nach dem Gottesdienst enthielt eine faustdicke Überraschung. Das Votum der Dekanschaft hatte Dekan Seils aus Biberach übernommen. Er sagte: »Wir sind offen für Sie, und wir freuen uns auf eine Zusammenarbeit.« Was Seils sagte, meinte er auch.

Aber was türmte sich in dieser Stunde an Erinnerungen – wohl für uns alle –: Ein Sprecher der Lebendigen Gemeinde, die vielleicht von allen mit einer einzigen Ausnahme in der Dekanschaft abgelehnt wurde, wird nun ihr Prälat. Der, der rund zwanzig Jahre Leiter des Bengel-Hauses war, das auf härtesten Widerstand in der Pfarrerschaft traf, übernimmt jetzt das Amt ihres »Seelsorgers für Seelsorger«. Der gerade noch abgewehrte Bischofskandidat, den auch eine Mehrheit des Oberkirchenrats nicht wählen mochte, rückt jetzt in die Kirchenleitung ein. Peter Stoll, der direkteste unter den damaligen Oberkirchenräten, der das kollegiale Votum übernommen hatte, sagte: »Sei kein stummer Hund.« In meiner spontanen Entgegnung versuchte ich, Seils direkt auf der persönlichen Schiene zu antworten – er hat mich nie im Stich gelassen –, und zu Peter Stoll sagte ich ebenso direkt: »Nein, ein stummer Hund möchte ich nicht sein.«

Nur kurze Zeit nach der Amtseinführung passierte wieder etwas Überraschendes. Volker Metelmann, lange Zeit Studienleiter an der Evangelischen Akademie Bad Boll, jetzt Münsterpfarrer und Leiter des Hauses der Begegnung, besuchte mich, um mir einen Vorschlag zu machen. Er würde mir im Haus der Begegnung, gerade gegenüber der Prälatur, einen Raum zur Verfügung stellen. Wofür? Für eine Bibelarbeit. Da ich wusste, dass keiner ins Haus der Begegnung reinkam, der nicht im Gefälle Metelmann'scher Konzeptionen lag, musste ich um Fassung ringen. Ich legte weit ausholend dar, dass an meinen Bibelarbeiten etwas Pietistisches dran war. Metelmann winkte ermüdet ab. Dann kam der Hammer. Ich hatte Metelmann völlig falsch verstanden. Er wollte nicht, dass der Prälat einmal eine Bibelarbeit hielte, sondern sein Ziel war, dass ich regelmäßig, sommers wie winters, jeden Monat eine solche Bibelstunde hielte, und schlug gleich den Titel vor: »Montagsgespräche zur Bibel«.

So blieb es. Die ganzen sechs Jahre hindurch, die wir in Ulm waren, hielt ich diese Montagsgespräche zur Bibel: An die 100 Menschen, Stühle bis auf den Gang, intensive Beteiligung und Gespräche, jedes Mal die Bangigkeit, ob überhaupt jemand käme. Sie kamen aus Ulm, aus Laupheim, aus Erbach, aus Blaustein, aus Geislingen, aus Bernstadt. Es war gewissermaßen eine besonders wertvolle Perle in jener Ulmer Zeit. Was Metelmann bewegt hat? Ich weiß es nicht. Vielleicht doch ein Ausläufer der Erweckung in seiner Heimat Pommern?

Vieles Schöne, vieles Gute entwickelte sich in den sechs Ulmer Jahren. Ich begann, meine Gottesdienste zu lieben. Wenn Münstermesner Weber, ein Siebenbürger, mich gemessenen Schritts zur Predigerbank führte, strömte aus dem Inventar, den Steinen ein geballter Geruch von Geschichte. Wie oft dachte ich: Was haben diese Steine schon gehört? Sich anhören müssen? Niemals wich im Münster eine innere Trauer von mir: Wenige nur sind da. Das alte Münster war für 5000 Stehplätze konzipiert, mehr Menschen, als damals in Ulm wohnten. Jetzt saßen 200–300 wie Verlorene da. Die Einzelnen kannte ich ja inzwischen immer besser: Fast jede Frau mit ihrem Rollator, ein paar gläubige Familien von ganz weit außerhalb der Innenstadt, mein treuer Fahrer Eberhardt Kast mit seiner Frau, dann die Berufsagnostiker. Und immer wieder ganze Gruppen Ausländer: Japaner, Chinesen, Koreaner, Amerikaner, Spanier, Afrikaner. Natürlich waren sie beim Abendmahl alle dabei.

Die sogenannten Nebengottesdienste im Münster waren ein Relikt aus Mittelalter und Frühreformation. Es dauerte eine Weile, bis ich begriff, dass sie missionarisch eine stärkere

Wirkung entfalten konnten als die Hauptgottesdienste. Welche Möglichkeiten bot die tägliche 11-Uhr-Andacht! Ich meldete mich so oft wie möglich und kam immer wieder dran, weil hier die »Konkurrenz« nicht so stark war. Wie toll, wenn man mit den berufsmäßigen Stadtführern ein Einverständnis hatte, das im wortkargen Ulm durch drei Worte herstellbar war. Die Stadtführer waren Punkt 11 Uhr im Chor des Münsters: »Ach wie günstig! Der Herr Prälat hat gerade seinen Licht-bild-Apparat aufgebaut!« Ich nahm aus den Dutzenden von Köpfen aus dem weltberühmten Chorgestühl von Jörg Syrlin denjenigen Kopf, der am besten zur Tageslosung passte, und sprach dann über die Kunstgeschichte, mein altes Studienfach, und die biblische Losung. Exakt 15 Minuten mit Musik!

Wie oft wurde ich danach angesprochen! Visitenkarten, Einladungen, kleine Bücher, manchmal Geld für den Opfer-kasten drückten sie mir in die Hand. Seelsorge musste ich weiter verweisen. Noch heute löst ein damaliges Ereignis bis in die Magennerven Wirkung aus. Ein Japaner wollte nach der 11-Uhr-Andacht eine Bibel kaufen. »Da vorne beim Turm-eingang«, sagte ich. Kurz darauf eilte er noch einmal auf mich zu: »Sie haben keine Bibel.« Meine Antwort weiß ich nicht mehr. »Sie haben keine Bibel«: Die Schuld unserer braven, treuen Mitarbeiterinnen und Mitarbeiter an der Pforte war es nicht. Nein, es war etwas, was mit der Strategie und den Prioritäten unserer ganzen Kirche zusammenhing. Hundert lausige Bücher und Hefte kannst du zu jeder Zeit im Münster kaufen, eine Bibel nicht.

Der Frühgottesdienst morgens um acht am Sonntag gehörte zu den Nebengottesdiensten, die eine eigene Anziehungskraft hatten. Das langsame, noch den Erdboden streifende Geläut der Münsterglocken lag über der Stadt. Der Chor war voll, war konzentriert. Manchmal öffnete sich die Möglichkeit für ein anschließendes Gespräch. Erst recht eigenartig der Montagmorgengottesdienst um 9 Uhr. In der Regel kamen 14 oder 16 Frauen, »immer dieselben«. Aber wie wir darum kämpften! Solange ich in Ulm war, wurde er nicht abgeschafft, ich begegnete allen Angriffen mit dem Hinweis, dass wir keinerlei Auftrag hätten, sechshundert Jahre Tradition zu beenden.

Irgendwo war das ja seltsam, da ich das Gegenteil eines Traditionschristentums repräsentierte. Ich kam in Ulm aber über vieles ins Nachdenken, was mit dem leicht verächtlichen Begriff der Tradition zu tun hat. Ich sah auch als Kirchenmensch, dass das moderne Stadtbild selbst nach den entsetzlichen Zerstörungen durch den Bombenkrieg gegen die Zivilbevölkerung noch immer durch die Kirchen und Klöster des Mittelalters geprägt war. Das alte Klosterareal um das Neutorhospiz, das Viertel der Sammlung frommer Frauen bei der Dreifaltigkeitskirche, das Wengenkloster, das Dutzend Pfleghöfe oft in der fürchterlichen Enge der Altstadtgassen – das war ganz abgesehen vom Münstergebiet eben immer noch Ulm. Die täglichen Münstergottesdienste: Sie stammten aus dem alten vorreformatorischen Ulm.

Dass ein paar Männer in einem »Winzig-Verein« in die Tasche griffen und jährlich viel Geld für gute Zwecke auf den

Tisch legten, ohne dass man nach einer Stunde Vereinssitzung noch ein Wort drüber verlor: das war die Frömmigkeit einer uralten Tradition. Wie fremd war diesem Wesen der Bildersturm des Jahres 1531, der Einführung der Reformation, ausgeführt durch die Zünfte. 62 Münsteraltäre wurden zerschlagen. Manches hatten die Patrizier gerade noch beiseitegeschafft. Bis heute tauchen Reste in einem Radius von circa 80 km um Ulm auf. Die Kirche von Oberstadion ist ein kleines Ulmer Museum. Der Bauer in Böttingen hat in seiner Privatkapelle ein herrliches Schnitzwerk. Im Münster selbst stecken noch die Figurenreste des Karg-Altars in der Wand.

Nach der Einführung der Reformation blühte das Gymnasium. Es gab eine Art Treue-Übertragung auf die neue reformatorische Kirche, in Ulm zusammengesetzt aus Schweizer und oberdeutschen Elementen. Als Ulmer war man selbstverständlich evangelisch. Aber daneben pochte eine Art zweites Herz, mit einem anderen Rhythmus, mit einer anderen Kraft. Das war nicht etwa römisch. Es war das Leben einer unausrottbaren christlichen Tradition. Diese Tradition in Kombination mit dem »Naturschicksal« des Donauweges verband die Ulmer unzerstörbar mit Wien und seinem Kaiserhaus. Noch im 19. Jahrhundert dachte man in Ulm großdeutsch und nicht kleindeutsch, nicht preußisch oder gar württembergisch. Solche schwer zu analysierenden Verhältnisse, die man selbstverständlich auch nicht ins Romantische verklären darf, erleichterten es dann zum Beispiel, dass mein Freund Sieger Ernst, Spross eines Predigergeschlechts am Münster, aus Enttäuschung über die württembergische Kirchenpolitik am Ende seines Lebens zur katholischen Kirche übertrat.

Wir sind jetzt schon weit in das Feld des kirchlichen Lebens in Ulm eingedrungen, haben teilweise Jahre vorweggenommen. Gemeindearbeit: Alle mühten sich darum. Aber wir sahen das Evangelisch-Sein langsam wie einen Supertanker, mit demselben Eigensinn der Navigation, entschwinden. Unter über 2000 Gemeindegliedern der Münstergemeinde befanden sich 12 Kinder unter 10 Jahren. In der Hirschstraße, der renommiertesten Straße des Münstergebiets, lebte noch ein einziges Mitglied unserer Münstergemeinde, eine über 80-jährige Frau. Eine Infrastruktur gab es nicht. Ausnahme: ein Hauskreis bei einem Juristen. Im weiteren Innenstadtbereich existierten drei pietistische Gemeinschaften, eine Hahn'sche, eine altpietistische und eine süddeutsche. Letztere hatte schon seit Jahrzehnten einen Status, der unter anderem eigene Gottesdienste am Sonntagmorgen vorsah. Niemals sah ich einen Ulmer Pfarrer in einer dieser Gemeinschaften.

Zurück zur Tradition: Die Ulmer Kirchenregierung hatte den Pietismus im Ulmer Reichsstadtgebiet ausdrücklich verboten. Noch heute besteht eine Grenze unter den Dörfern der Alb: Was ulmisch war, hat keine Gemeinschaften, was württembergisch war, hat teilweise ein reiches Gemeinschaftsleben. Die letztverfügbare Statistik wies für das einst zu über 90 Prozent evangelische Ulm noch 30 Prozent Evangelische aus, daneben etwa 45 Prozent Katholiken.

Die protestantische Grundstückspolitik blieb mir ver-
schlossen. Man schob hin und her, aber alles wurde weniger.
Als man das alte Klosterareal am Neutor um eine in meinen
Augen lächerliche Summe an ein Architektenteam verkauf-
te, führte ich zweimal im Oberkirchenrat eine Diskussion
herbei. Aber ich wurde nur ausgelacht. Am Ende besaß die
Ulmer Evangelische Kirche in der Innenstadt nur noch ein
einziges Gemeindehaus. Man musste sich als Protestant dabei
seine eigenen Gedanken machen. Die Protestanten redeten
immer von Konzentrieren, von Verkaufen, von Vermeiden
von Folgekosten, von Rentabilität, von Sanierungskosten, von
einer neuen Zeit.

Wenn den Katholiken Mönche und Nonnen ausgingen,
dachten sie nicht daran, die Klöster zu verkaufen. Sie drehten
einfach den Schlüssel rum, sperrten die Gebäude zu und war-
teten, bis irgendein staatliches Kulturprogramm das Ganze
wieder belebte. Und o Wunder! Wenn fünfzig Jahre vorbei
waren, kamen wieder Mönche und Nonnen. Woher kam das,
dass sie einen ganz anderen Atem hatten als die Protestanten?

Ein eigener Rhythmus der Prälaturarbeit ergab sich durch
die Visitationen. Sie waren spannend, erfüllt durch Begegnungen, das Absterben mancher Schablonen. Meine erste Visitation führte mich nach Schwäbisch Gmünd. Dekan Frank,
der den dortigen Kirchenbezirk leitete, war mir bis dato bekannt durch seine Demos gegen die amerikanischen Rake-
ten in Mutlangen. Ich lernte ihn jetzt persönlich kennen als
einen geradlinigen Charakter. Obwohl unsere Auffassungen

im Blick auf amerikanische und deutsche Politik und auch im Blick auf die Äußerungen der Kirche auseinanderlagen, fanden wir ein sehr haltbares persönliches Fundament. Bei ihm lernte ich nicht wenig. Einer der Gmünder Eindrücke, die mich überraschten, begegnete mir durch die Kindergärten der Innenstadt. Wir hatten gut ausgebildetes, sympathisches Personal. In der Gruppe – und dies als repräsentativer Schlüssel –: zwei christliche und achtzehn muslimische Kinder. Schon in der Mitte der 90er-Jahre gab es in den sogenannten württembergischen Mittelstädten keine deutschen Innenstädte mehr. Eine zweite Überraschung: Selbst in einem so bewusst und nachhaltig strukturierten Dekanat blieben die persönlichen Beziehungen das A und O. Was vor dreißig Jahren irgendwo geschehen war, bestimmte immer noch das jetzige Geschehen mit.

Ein Kapitel für sich bildete die Beziehung zu Oberschwaben. Jeder Ulmer fühlte sich ja qua Geburt als halber Oberschwabe. Die Originale drängten sich dort dichter als sonst wo. Ein 94-Jähriger erzählte mir voll Stolz, dass er sich soeben einen neuen Mercedes gekauft habe. Mitten im katholischsten aller Gebiete lag ein evangelischer Obstbauernhof, pietistisch geführt, der allseits die höchste Achtung genoss. Ein bekannter Museumsdirektor, der eine Predigt miterlebte, in der ich über seinen Lieblingskünstler sprach, lud mich mit all seiner Entschlossenheit zu einem opulenten Felchenessen ein, das ich leider zu wenig ausnutzte. In Wilhelmsdorf, der alten Gründung mit königlich-württembergischen Privilegien,

um die Auswanderer von Palästina und vom Kaukasus zu-
rückzuhalten, hatte ich mein Prophetenstübchen – ebenfalls
viel zu wenig genutzt. Viele, viel zu viele Fahrten galten den
Streitigkeiten im Oberland. Meine Anläufe zur Versöhnung
hatten das Ergebnis null. Man konnte fast eine Gleichung auf-
stellen: Je weniger Evangelische es irgendwo gab, desto mehr
Streit.

Doch es gab auch Ausnahmen. Da war die Evangelische
Gemeinde in Wain, abstammend von den österreichischen
Glaubensflüchtlingen, die die Reichsstadt Ulm auf ihrem Gebiet aufgenommen hatte. Sie hielten immer noch in der Regel
zusammen. Da war »mein« Jakob Abrell, von französischen
Glaubensflüchtlingen abstammend, der wunderbare Gedichte schreiben konnte. Da war der Evangelische Oberschwaben-
tag auf der Dobelmühle, der immer wieder die verschiedens-
ten Menschen anzog. In der Summe ein wunderbares Land,
wunderbare Menschen, wunderbare Möglichkeiten – aber
immer so, als wäre im Hintergrund einer, der uns manchmal
über die eigenen Füße stolpern ließ.

In meinen Visitationen erlebte ich natürlich auch Negati-
ves und Hässliches. Aber Jesus hat mir ein Gemüt geschenkt,
dem das Hässliche einfach nicht mehr einfällt. Leid tat es mir
um die Visitation Ulm, die Dekan Keinath und ich mit viel
Sorgfalt vorbereitet hatten. Das Resultat war eine Null. Die
Runde biss sich in der Endauswertung an Dingen fest, denen
ich bei bestem Willen keine Bedeutung zumessen konnte.
Dekan Keinath brach schließlich die Besprechung ab. Gerne

wollte ich über die Infrastruktur, den Aufbau der Gemeinde, über Hauskreise, Gebetskreise, Bibelkreise, Kaffee-Einladungen, jedenfalls einen Aufbau von unten nach oben, sprechen, aber dafür bestand kein Interesse.

Wie gingen eigentlich die Katholiken mit der Situation um? In Ulm gab es ein reiches Geflecht gegenseitiger Beziehungen, und zwar trotz der starken Animositäten, die bis zum Zweiten Weltkrieg zwischen den Konfessionen herrschten. Die Gefahr, dass die Christen zur Minderheit würden, veränderte die gesamte geistige, politische und religiöse Landschaft. Dabei musste man aufpassen, dass man nicht starrsinnig nur bestimmte Negativblöcke wahrnahm, sondern an dem orientiert blieb, was die Realität an überraschend Gutem anbot. Ulm hatte nach einer Reihe von CDU-Oberbürgermeistern einen feurigen Jungsozialisten zum neuen Oberbürgermeister gewählt. Er wurde, so weit ich es beurteilen kann, zu einem der besten Oberbürgermeister seit dem Zweiten Weltkrieg. Ivo Gönner aus Laupheim, mit einem ausgezeichneten Gefühl für das politisch Mögliche und Notwendige, ließ auch den Kirchen ihr Recht und ihren Lebensraum. So konnten wir uns entfalten.

Was bei den Katholiken hervorstach, war das Kontinuierliche. Unaufgeregt hielten sie ihre Messen, Gottesdienste, liturgischen Feiern, während die Protestanten bei jedem Vorfall nervös hin und her telefonierten. Der katholische Dekan, Monsignore Josef Kaupp stammte aus Bittelbronn, dem Nachbarort von Unteriflingen, wo ich häufig Dienste hatte.

So war ein guter menschlicher Anknüpfungspunkt gegeben. Die Beziehung vertiefte sich durch die Ähnlichkeit unserer theologischen Überzeugungen. Dass jede Kirche einen *corpus permixtum* (eine gemischte Körperschaft) darstellt und dass die geistlichen Trennlinien mehr denn je quer durch die Konfessionen verlaufen, wurde mir in Ulm von Neuem bewusst.

Aus den zahllosen, insgesamt doch prägenden Begegnungen der Ulmer Zeit seien noch einige wenige erwähnt. Gerade in jenen Jahren besuchte der Katholikos-Patriarch der georgischen Kirche, Ilia II., die Fachhochschule in Biberach, wo damals eine ganze Gruppe junger Georgier studierte. Zugleich führte er in Stuttgart Gespräche. Da Biberach in meiner Prälatur lag, war ich mitverantwortlich für den ökumenischen Gottesdienst, der dort abgehalten wurde. Anschließend äußerte Ilia II. den Wunsch, die höchste Kirche der Welt, das Ulmer Münster, zu sehen. Wir arrangierten das alles und ich übernahm selbst die Kirchenführung. Mich überraschte der zweifelsvolle Blick, mit dem er mich während der Führung mehrfach fragte: »Ist das deine Kirche?« Offenbar glaubte er, in einer katholischen Kirche zu sein. – Später verstand ich es besser, dass wir Protestanten für die Georgier nur eine kleine, unbedeutende Sekte waren. – Dann fragten die Georgier, ob sie hier singen dürften. Fünf Männer stellten sich vor dem Dreisitz auf. Nun war das Staunen an mir. Fünf Sänger, fünf verschiedene Stimmen füllten das riesige Ulmer Münster. Nur wenige Jahre später erwies sich dieses Ulmer Treffen als ein Schlüssel für meinen Besuch in Georgien.

Seltsam war eine Begegnung im Vorgarten der Prälatur. Nach einem Abendspaziergang trafen wir dort auf einen Mann, dessen Benehmen uns auffällig vorkam. Er roch gerade an unseren Rosen. Als er uns erblickte, bat er um eine finanzielle Hilfe für die nächsten Tage. Er sei Asylant, müsse jetzt ausreisen und brauche für die Abreise noch ein wenig Geld. Ich verwies ihn auf die Diakonische Bezirksstelle, die morgen früh wieder öffne. Ob ich nicht doch eine Kleinigkeit hätte? Dann sagte er: »Auch Sie werden Gott noch einmal brauchen.« Ich gab ihm eine Kleinigkeit. Den merkwürdigen, logisch gar nicht begründeten Satz: »Auch Sie werden Gott noch einmal brauchen« habe ich nicht mehr vergessen.

Zwischen dem Evangelischen Dekanat Ulm und der Slowakischen Evangelischen Kirche bestand ein Partnerschaftsverhältnis. Unser Dekan fuhr jährlich mindestens einmal in die Slowakei. Ich wurde eingeladen, einmal mitzukommen. In der Slowakei sammelten sich damals wie in einem Prisma die verschiedenen Bewegungen und Probleme des nachsowjetischen Osteuropa. Auch die Auseinandersetzung mit der eigenen Kirchengeschichte im Kommunismus hatte schon begonnen. Unvergesslich, wie mein Freund Ferencs in einem einführenden Referat sagte: »Brothers, compare yourself!« Unvorstellbar, was geschehen würde, wenn wir Deutschen diesen Satz auch auf uns anwendeten! Erstaunlich, dass die Slowakei das Doppelkreuz sogar auf staatlichen Emblemen bewahrt hatte. Erstaunlich, dass hier die lutherische Kirche eine grundsätzlich erweckliche und missionarische Arbeit betrieb, gelegentlich mithilfe von Mitarbeitern aus Bad Liebenzell. Spürbar aber auch eine gewisse Spannung zwischen Slowaken und Ungarn. Eindrucksvoll das Schloss, festungsgleich, an dem die letzten türkischen Wogen sich brachen. Und der Name der Stadt? Sie hatte lange nur den deutschen Namen Pressburg wie zu Bengels Zeiten, das heutige Bratislava ist eine spätere künstliche Form. Wir fuhren zu befreundeten Pfarrerinnen und Pfarrern auf die Insel Schütt. Endlos Paprika-Kioske, ein Paradies. Und Generalbischof Julius Filo, damals hoch geachtet, war ein exzellenter Gastgeber. Ein Hauch von Frühling lag über diesen ersten nachsowjetischen Jahren. –

Meine engeren Mitarbeiterinnen und Mitarbeiter in Ulm haben alle ein Denkmal verdient. Unsere Frau Schnell tat alles, was sie trotz schwacher Gesundheit für unsere Prälatur herausholen konnte. Herr Kast, unser Fahrer, war Begleiter und Helfer auf unzähligen Wegen.

Herr Hauber kam mit neunzig Jahren aus Wain mit seinem Auto angefahren, um zu sehen, wie es uns ginge. Viele Freunde bis ins Bayrische hinein und bis »Schwäbisch-Sibirien«, die Ostalb, stärkten uns. In unbedingter Bruderschaft und Freundschaft stand Günter Haubensak, der Leiter der Altpietistischen Gemeinschaft in der Heimstraße, neben mir.

Die letzte Zeit in Ulm war so turbulent, dass ich mich heute noch schwertue, diese Turbulenzen richtig einzuordnen. Sie begannen eigentlich sehr »normal«. Unser Bischof Eberhardt Renz hatte rechtzeitig angekündigt, dass er mit 65 Jahren in den Ruhestand gehen wolle, das heißt im Jahr

2000. Daraufhin bereiteten sich die damals drei Gesprächskreise der Synode intensiv auf die Bischofswahl vor. Zugleich
wurde eine landeskirchliche Wahlkommission installiert,
deren Leitung die Präsidentin der Synode, Frau Jetter, übernahm. Dorthin, in diese landeskirchliche Wahlkommission,
wurde ich als Vertreter des Oberkirchenrats entsandt. Für
mich ein bisschen überraschend. War ich doch sechs Jahre
vorher selbst Bischofskandidat gewesen. Aber offenbar betrachtete man mich jetzt als »neutral« und genügend objektiv.

Es schälten sich drei Kandidaten heraus: Hartmut Fritz,
Martin Klumpp und Ulrich Mack. Jedenfalls würde dann –
so die lockere Einschätzung – ein »einsilbiger« Bischof herauskommen. Hartmut Fritz stand für die Offene Kirche
und Teile des Oberkirchenrats, Uli Mack für die Lebendige
Gemeinde und Martin Klumpp für Evangelium und Kirche.
Letzteres lag nicht einfach »in der Natur der Sache«. Martin
Klumpp, rhetorisch erfahren, war eindeutig ein Protagonist
der Offenen Kirche. Trat er jetzt für Evangelium und Kirche an, dann waren ihm – beim vermuteten früheren Ausscheiden von Hartmut Fritz – die Stimmen zweier von drei
Gesprächskreisen sicher: eben von Evangelium und Kirche
und von Offener Kirche. Hinzu kamen erwartungsgemäß
mehrere Stimmen aus dem Oberkirchenrat. Am schwierigsten war demgegenüber die Position von Ulrich Mack, damals
noch Dekan in Freudenstadt. Er konnte nur auf die Lebendige
Gemeinde rechnen, falls diese unerwartet einig blieb, vom
Oberkirchenrat nur mit wenigen Stimmen.

Aber Wahlen haben immer sprunghaft Überraschendes in sich. Hochinteressant die Begleitung in der Publizistik. Die Stuttgarter Presse betrieb einen energischen Wahlkampf für Martin Klumpp, der viele Menschen aus seiner Zeit als Stuttgarter Stadtdekan kannte. Er war Prälat, die Mitbewerber kamen als Dekane des Umlands in die Arena. Ein gut gemachter Artikel in der Stuttgarter Presse endete mit dem Worten: »Martin Klumpp. Man wird sich diesen Namen merken müssen.« So deutlich wurde sein Sieg prognostiziert. Im November 2000 fand schließlich die Wahl statt. Zuerst führte Uli Mack. Schließlich zog Hartmut Fritz seine Kandidatur zurück. Die Führung ging wie prognostiziert an Martin Klumpp über. Auch Ulrich Mack musste – mit einem bemerkenswerten Ergebnis – aufgeben.

Wie Heiner Küenzlen vor sechs Jahren war jetzt Martin Klumpp der einzige Name, der auf dem Stimmzettel stand. Nervosität. Die Stimmkästen werden hereingetragen. Ergebnisverkündigung durch die Präsidentin: Martin Klumpp hat die notwendige Zweidrittelmehrheit verfehlt. Erregte Diskussion: Kann man diese Abstimmung wiederholen? Ich zweifle. Ich schweige, denn ich habe keinen eindeutigen Verfahrenstext. Offenbar ist dies die allgemeine Situation. Die Präsidentin entscheidet: »Die Abstimmung wird wiederholt.« Beim zweiten Wahlgang dasselbe Ergebnis: Keine Zweidrittelmehrheit für Martin Klumpp. Die Bischofswahl ist also gescheitert.

Was nun? Die Präsidentin konnte es nicht bei einem Scheitern der Bischofswahl belassen. Jetzt betrieb also die

Wahlkommission in einer führenden Rolle die Kandidatensuche. Jeder und jede von uns hängte sich ans Telefon. Ich fuhr eine Anzahl Kilometer. Ergebnis: Absage. Dann konnte für einen renommierten Kandidaten die Zustimmung aller drei Gesprächskreise gesichert werden. Der Kandidat sagte ab. Jetzt drang Frau Jetter darauf, dass der Oberkirchenrat seine Mitverantwortung ernst nahm. Unwillige, teils erregte Diskussion im Oberkirchenrat. Eine energische Stimme sagte: »Jetzt müssen die Prälaten ran.« Nach wenigen Augenblicken war klar, dass hier nur zwei infrage kamen: Claus Maier und ich. Ich sagte zu meinem Freund Claus: »Claus, das machst du.« Seine Antwort: »Nein, das machst du.« Was anschließend gesprochen wurde, nachdem man mich aus dem Sitzungszimmer hinausgebeten hatte, weiß ich nicht. Mir kam alles sehr unwirklich vor. Auch die Wahlkommission musste ich verlassen, nachdem mein Name nun genannt worden war. Dort erneut intensive Diskussionen. Ich schwankte, betete, kam aber aus dem Schwanken nicht heraus.

Abends, auf der Donaubrücke, wollte ich zusammen mit Gudrun endlich Klarheit. »Ich habe mein Leben lang gekämpft, meistens allein«, sagte ich. »Jetzt habe ich genug. Ich will endlich einmal in Ruhe Griechisch essen.« – »Bischof ist wichtiger als Griechisch essen«, lautete ihre Antwort mit der verblüffenden Fähigkeit, komplizierte Dinge auf den Punkt zu bringen. »Oder bist du kein Christ!?« Damit war die Entscheidung gefallen.

Vieles stärkte mich in der Folgezeit. Die anschließende Tour war dennoch nicht einfach. Ich musste durch alle drei Gesprächskreise, um mich als Kandidat vorzustellen. Sie waren alle drei nobel. Selbst die Anfrage, ob ich mein Buch über »Das Ende der historisch-kritischen Methode« zurückziehen würde, erfolgte sehr zurückhaltend, in keiner Weise bedrängend. In jedem Gesprächskreis hatte ich den Eindruck, dass es doch eine Anzahl Ja-Stimmen geben könnte. Auch die Presse hielt sich zurück. Wenige Notizen, erinnere ich mich, überwiegend sachlich. Nur die Ulmer Südwestpresse brachte einen feurigen Artikel, der mich zum rechtzeitigen Rücktritt von der Kandidatur aufforderte.

Genug der Einzelheiten. Als Wahltag wurde der 14. Februar 2001 festgesetzt. Drei Beobachtungen und Begebenheiten begleiteten mich in den Sitzungssaal des Hospitalhofs. Als ich die Treppe hinaufstieg, trat mir ein pietistischer Bruder entgegen, den ich ein wenig kannte. »Geben Sie das Bischofsamt wieder auf«, sagte er, »Sie verlieren sonst den Segen Gottes.« Hatte ihn Gott geschickt? Nach kurzer Besinnung antwortete ich: »Gott kann mich auch im Bischofsamt segnen.« Wenige Schritte weiter kam mir eine Synodalin entgegen, die ich gut kannte. »Ich habe gestern eine Kiste Wein darauf gewettet, dass Sie die Wahl verlieren«, sagte sie. Das kam mir doch so seltsam vor, dass ich trotz der Situation lachen musste. »Ich gönne sie Ihnen, wahrscheinlich kriegen Sie sie«, sagte ich. Als Drittes fielen mir auf den Pressestühlen zwei Redakteure der Ulmer Südwestpresse auf, einer der Chefredakteur, die offenbar vorbereitete Artikel vor sich herumschoben. Ich vermutete, dass es der schon geschriebene Bericht über meine Wahlniederlage war.

Dann stellte ich mich dem Wahlgremium, Landessynode plus Oberkirchenrat, vor. Auf Anraten mancher Freunde und Bekannter erklärte ich dabei, nur für einen Wahlgang zur Verfügung zu stehen. Natürlich war der Hospitalhof gesteckt voll. Während des Wartens wollte ich ein paar Vorgänge bearbeiten, kam aber nicht dazu. Mit ernster Miene und gemessenen Schritts kamen die Stimmzähler herein und flüsterten der Präsidentin das Wahlergebnis zu: 78 Stimmen für mich, eine Dreiviertelmehrheit. »Damit sind Sie gewählt, Herr Maier.« Die Vorgänger-Bischöfe Theo Sorg und Eberhardt Renz drückten mir die Hand, ein Enkel brachte etwas, was wie ein silberner Bischofsstab aussah, eine lange Reihe von Gratulanten stand vor mir. Mein Programm-Satz war gewesen: »Ein Bischof für alle, aber nicht für alles.« So hatten doch viele Mitglieder des Oberkirchenrats für mich gestimmt, wie mir mit Staunen und Dankbarkeit bewusst wurde, fast geschlossen wohl Evangelium und Kirche, und – anders war das Ergebnis kaum vorstellbar – wohl doch auch etwa ein Drittel der Offenen Kirche.

Abends Pressekonferenz. Anschließend Pressegespräch mit der Stuttgarter Zeitung. Erstaunlich das echte Interesse an meinem Weg »vom Marxismus zum Christentum«, der so oder ähnlich auch die Überschrift am nächsten Tag abgab.

Im April 2001 fand die feierliche Einführung ins Bischofs-amt statt. Ich empfand es als Freundlichkeit Gottes, dass die Stuttgarter Stiftskirche wegen der Umbauarbeiten nicht in-frage kam und deshalb unser Ulmer Münster zum ersten Mal in der württembergischen Kirchengeschichte zum Schauplatz dieser Investitur wurde. Große und kleine Ereignisse hängten sich an. Mal war die Richtung des Einzugs – von Westen oder von Osten – Grund auch publizistischer Aufregungen, mal die unnachgiebige Art der Fernsehfachleute, mal die Art, wie man gute und weniger gute Plätze verteilte. Damals wollte ich mich bewusst aus diesen Dingen raushalten. Heute würde ich das nicht mehr tun.

Nach meiner Einsetzung investierte ich sofort Margit Rupp zur neuen Direktorin des Oberkirchenrats, mit der ich die ganze Zeit hervorragend zusammenarbeitete. In mei-ner Predigt unterstrich ich die Bindung der Kirche an das biblische Wort und die missionarische Aufgabe in unserer Zeit. Bei der Erklärung der biblischen Botschaft waren mir vor allem zwei Augustinus-Texte hilfreich. Der eine verglich den Dienst Gottes mit dem Kommen zur Kelter, der andere schloss mit den Worten »und doch alle lieben«. Ich spürte, dass darin auch etwas Prophetisches lag.

Der eindrückliche Münster-Gottesdienst bildete gewisser-maßen den Schlussstein der Ulmer Zeit. Bis Juli fuhren Herr Kast und ich noch täglich zwischen Ulm und Stuttgart hin und her. Danach wurde Helmut Scheuler mein ausgezeichne-ter Fahrer. Es erfolgte der Umzug ins Stuttgarter Bischofshaus in der Gänsheide. In unser bisher unvergleichlich spannendes Leben kam dadurch ein größeres Gleichmaß. Zugleich wuchs die Dramatik an manchen anderen Punkten.

VII. BISCHOFSZEIT

Nach dem württembergischen Kirchenverfassungsgesetz muss der Bischof mit dem Ablauf des 68. Lebensjahres in den Ruhestand treten. Das war bei mir Ende August 2005. Ich konnte mir also auf den Tag genau ausrechnen, wie viel Zeit mir im Bischofsamt zur Verfügung stand: Im ganzen 4 Jahre und 4 Monate. Die Absehbarkeit dieses Zeitraums hatte sicher manchen Mitgliedern des Wahlgremiums die Zustimmung erleichtert.

Ich musste also mit aller Coolness überlegen, was ich – menschlich gesehen! – aus dieser Zeit machen konnte. Dabei war ich – wieder menschlich gesehen! – nur ein kleines Rad im großen kirchlichen Getriebe. Das konnte ich nach sechs Jahren Oberkirchenrats-Erfahrung recht gut abschätzen. Das Kollegium mit damals noch 14 Mitgliedern traf alle seine Entscheidungen mit demokratischer Stimmenmehrheit. Obwohl ich zu allen andern im Oberkirchenrat freundschaftliche Beziehungen unterhielt, ließ es sich leicht ausrechnen, dass manche Abstimmungen mit 1:13 erfolgen würden, ich also alleine stand, sofern es eben um bestimmte Sachentscheidungen ging. Dennoch musste ich nach außen – Konsequenz der Demokratie – diese Sachentscheidungen mitvertreten.

Manchmal gab es lustig-traurige Konstellationen. So schrieben die Kirchenmitglieder bei manchen Vorkommnissen ganz selbstverständlich an den Bischof, der aber häufig keinerlei Eingriffsrecht besaß. Hinzu kamen württembergische Eigenheiten. Die Dezernenten, titelmäßig eben Oberkirchenrätin/Oberkirchenrat, hatten in einer jahrzehntelangen Entwicklung ihre Positionen ausgebaut. Wir verfuhren nach dem Budgetrecht. Auch daraus ergaben sich eigenartige Konstellationen. So verwaltete der Bischof jährlich 17 000 Euro, das gegenübersitzende Dezernat 260 Millionen. Die Doppelstruktur: persönliche Freundschaft – Verschiedenheit der Sachentscheidungen prägte die folgenden Jahre.

Beim häuslichen Abendessen, das Gudrun jedes Mal fantastisch machte, staunten wir dennoch, in welcher Kontinuität Jesus die Württembergische Kirche erhielt. Das war, so dachten wir, auch eine Frucht der vielen Gebete und Erweckungen, die uns vorausgegangen waren. Als drittes Moment spielte der repräsentativ-präsidiale Zuschnitt des Bischofsamtes eine Rolle. Der Bischof war in zwei Stücken frei: in seiner Predigt und seinen Presseerklärungen. Doch gerade bei Letzteren meldete sich sehr schnell die Aufteilung in ein Vierzehner-Kollegium. Gab ich an einem Tag eine Presseerklärung ab, so folgte am nächsten Tag beinahe todsicher eine andere Erklärung aus einem anderen Teil der Kirchenleitung. Gelegentlich sprach ich bei Begegnungen Journalisten und Fernsehleute darauf an, ob nicht manchmal die evangelische Kirche doch schwer tue, in den Medien vorzukommen. Fast einhellige Antwort: »Wen sollen wir bei der Evangelischen Kirche denn anrufen? Haben wir einmal eine Stellungnahme bekommen, dann folgt am nächsten Tag von anderer Stelle das Entgegengesetzte. Rufen wir aber im Bischofsamt in Rottenburg an, dann wissen wir sofort, was die authentische Stellungnahme der katholischen Kirche ist.«

Was konnten und sollten für mich Schwerpunkte sein? Dass es in vier Jahren und vier Monaten sieben Schwerpunkte werden sollten, schien mir selbst zu viel. Doch wollte ich auf keinen verzichten. Eindeutig war für mich das Gebet der wichtigste und am wenigsten Aufgebbare. Mit der Stillen Viertelstunde, die seit den Walddorfer Bibeltagen einen Teil unseres Lebens bildete, begann ich jeden Tag. Bis heute ist es meine Überzeugung: Eine betende Kirche bleibt eine lebendige Kirche, ohne Gebet stirbt sie ab.

Das Zweite, das mir vor Augen stand und das ich schon bei meiner Vorstellung im Wahlgremium angesprochen hatte, war das Ziel »Wachsende Kirche«. Ich ging von äußeren Beobachtungen aus. Jahrelang belegte Württemberg in den Statistiken der evangelischen Kirche einen führenden Platz bei den Mitgliederzahlen. Wir hatten relativ wenige Austritte und relativ viele Eintritte. Dann, um 2000, änderte sich das Bild. Nach meiner Erinnerung stieg die Zahl der Austritte in einem besonders schlimmen Jahr auf über 14000 an, was etwa 0,7 Prozent unserer Mitgliederzahl entsprach. »Nichts zu machen«, war die Reaktion der Mehrheit, »das ist der Trend der Zeit.« Ich war völlig anderer Meinung. »Das ist kein Naturgesetz«, argumentierte ich. »Für mich ist das ein Trend, den man beeinflussen kann, vielleicht sogar umkehren.« Deshalb nannte ich als Ziel, alles für das Wachstum der Kirche zu tun. Ich bin heute noch dem Theologischen Ausschuss der Synode dankbar, dass er dieses Ziel sofort aufnahm, nicht zuletzt durch den engagierten Einsatz seines damaligen Vorsitzenden Dekan Ulrich Mack. Im Kirchenganzen – so sehe ich es im Rückblick – blieben wir allerdings eine Minderheit.

Der gesellschaftliche Trend wünschte nun wirklich keine »wachsende Kirche«. Theologen hielten mir das Wort aus Lukas 12,32 entgegen, wonach die »kleine Herde« das Reich Gottes empfangen sollte – weshalb also nach einer wachsenden Kirche streben? Manches erinnerte mich an die Argumentationen etwa 350 Jahre zurück, als man die Missionsbemühungen von Justinian von Welz zurückwies. Die Pfarrerschaft empfand teilweise ein Projekt »Wachsende Kirche« als Mehrarbeit ohne viel Aussicht auf Erfolg. Die akademische Ausbildung an den Fakultäten war ja auch wirklich nicht darauf ausgerichtet, einen großen Missionseifer zu entzünden.

Dennoch gab es manches Ermutigende: Die Synode genehmigte immerhin eine Projektstelle »Wachsende Kirche«; das Thema wurde in den Gemeinden erörtert, die Austrittzahlen gingen nach unten, die Eintritte leicht nach oben. Hätte die Kirche eine entschlossenere Haltung gezeigt, wäre mehr zu machen gewesen. Mein Hauptargument *in externis* lautete: »Wir haben in der Bundesrepublik 28 Millionen, die keiner

Kirche angehören – sollte es da nicht Menschen geben, die sich der Botschaft öffnen und wieder zu uns kommen? Sie sind doch nicht weniger religiös als die Mitglieder der Kirche!« Ein klares Handicap war es freilich, dass schon damals viele Evangelische zu den Freien Gemeinden übergegangen waren und mit ihrer missionarischen Ausrichtung in den Landeskirchen nicht mehr zur Verfügung standen.

Als weiteres Vorhaben nannte ich, auf elementare Weise zusammenzustellen, was wir in unsrer Evangelischen Landeskirche gemeinsam glaubten. Ganz offen erklärte ich, dass ich damit auch einen Gegenpol gegen die ewigen Spardiskussionen anstrebte. Las man damals die Veröffentlichungen der evangelischen Kirchen, dann konnte man den Eindruck bekommen, es drehe sich bei uns alles nur noch um Geld und Finanzen. Dabei ließ es sich nicht leugnen, dass die finanziellen Aussichten angesichts Mitgliederschwund und Weltwirtschaftskrisen teilweise düster waren. Aber mir lag daran, die Kirche aus dem Kompassbereich, der nur noch auf Sparprojekte zeigte, herauszuholen. Waren nicht der gemeinsame Glaube und die Glaubensverkündigung viel zentraler? Zehn Punkte schweben mir vor, normale, einfache Sprache, Bildhaftigkeit, Konzentration statt komplizierter Sprache. Die ersten Sätze schrieb ich selbst. Dann stellte ich im Bischofsbüro eine eigene kleine Kommission zusammen. Bald übernahm Ulrich Heckel, damals noch Pfarrer, aber schon Dozent in Tübingen, die Redaktion. Seinen Vater, den Kirchenrechtler Martin Heckel, verehrte ich tief. Aus unseren Sitzungen entstand das

Heft »Daran glauben wir«. Die Hauptsätze fanden auf einer Postkarte Platz, die wir ebenfalls druckten.

Diese Broschüre hatte ein eigenartiges Schicksal, wie so vieles in jenen Jahren. »Sie wird nicht kommen«, prophezeite ich in der Prälatenrunde, die monatlich einmal im Bischofshaus eingeladen war. »Warum machst du es dann?«, lautete die Rückfrage. »Sie liegt jetzt beim Theologischen Ausschuss, der formal den Fortgang bestimmt«, erwiderte ich. Über ein Jahr ging der Theologische Ausschuss drüber. Dann ereigneten sich zwei Wunder: Die Offene Kirche lehnte in Teilen zwar ab, brachte aber keine alternativen Formulierungen zur Abstimmung. Zum andern gab der Theologische Ausschuss die Broschüre an den Präsidenten. Hellsichtig genug, verzichtete die Synode auf eine Abstimmung, die nur Gegensätze markiert und damit die gemeinsame Glaubensaussage konterkariert hätte. Der Präsident, Horst Neugart, handelte so, wie ich es in der Synode bisher nie erlebt hatte. Er übergab mir vor allen Synodalen ein Exemplar ungefähr mit den Worten, dass ich es als Landesbischof zum Besten der Landeskirche einsetzen solle. Ich ließ es drucken und verteilen.

Natürlich waren Abnahme und Reaktionen unterschiedlich. Auch das Folgende war etwas ungewöhnlich. Im Jahr 2006, ein Jahr nach meinem Veröffentlichungstermin, machten sich die Landeskirchen im Südwesten – Baden, Pfalz und Hessen-Nassau – die Broschüre zu eigen und ließen sie auf Nachfrage ins Russische übersetzen. Hatte Horst Neugart als Präsident der Synode am 11. März 2005 die Bitte ausgesprochen, ich möchte »Daran glauben wir« an die Gemeinden der Landeskirche geben, so war jetzt seine Bitte mehr als erfüllt.

Auf den Gegenpol wollte ich freilich auch nicht verzichten. Schon durch den Arbeitsgang in der Synode und durch die Anmeldungen im Kollegium war ich gezwungen, mich mit den Sparplänen zu beschäftigen. Von meinem volkswirtschaftlichen und juristischen Studium her war ich auch nicht abgeneigt, mich mit dieser Materie auseinanderzusetzen. Dazu kam, dass ich schon in der Zeit der Prälatur den Vorsitz der Kommission übernommen hatte, die ein neues Finanzsystem in der Kirche einführte. Im Rückblick muss ich sagen, dass wir Letzteres ohne die fantastischen Verwaltungsstellenleiter, die Württemberg damals besaß, nicht geschafft hätten. Für sie bleibt es ein Ruhmesblatt.

Was nun die Sparpläne im Ganzen betrifft, bildeten sich unwillkürlich ober- und unterirdisch zwei Flügel. Der eine wollte durch Radikalschnitte eine nachhaltige Gesundung der kirchlichen Finanzen erreichen. Der andere empfahl, durch vorsichtige Anpassung das kirchliche Leben möglichst weitgehend zu erhalten und weiterzuentwickeln. Zum zweiten Flügel zählte ich aufgrund meiner konservativen Ausrichtung selbst. In der Synode bildeten sich Koalitionen quer durch die Gesprächskreise. Ich machte eine projektierte umfassende Kommission für viele überraschend zur »Chefsache«, berief die Kommission ein, kämpfte um eine positive Bezeichnung und installierte sie endlich unter dem Namen »Zukunftsorientierte Strukturen«. Mein bester Verbündeter wurde ein führender Kopf der Offenen Kirche, Martin Dolde. Wenn sogar aus unserem Kollegium radikale Sparvorschläge vorgelegt wurden, blieb er beharrlich bei seiner Devise: »Tafelsilber verkauft man nicht.« Die spätere Entwicklung gab der eher vorsichtigen Haltung recht. Die Kirchenfinanzen erholten sich. »Das Geld ist nicht das größte Problem der Kirche«: Diese Erkenntnis bestätigte sich mir immer wieder neu.

Ich wollte – das nahm ich mir als einen fünften Schwerpunkt vor – in Württemberg so viel als möglich präsent sein. Umsetzen konnte ich es dadurch, dass ich in der Regel jeden Sonntag zweimal predigte oder einen Gottesdienst mit einem anderen Dienst kombinierte. Dabei entdeckte ich erst, wie viele lebendige Gemeinden es in Württemberg gab. Zahllose Ideen und Versuche wurden dafür eingesetzt, Menschen anzusprechen. Ein Gefühl der Dankbarkeit, ja auch des Stolzes, erfüllte mich wieder und wieder. Schmerzlich, dass manche angeknüpfte Verbindung dann aufgrund der allseitigen Belastung nicht weitergeführt werden konnte. Mit der Betonung der Präsenz in Württemberg war auch die Entscheidung gefallen, mich meinerseits nicht auf eine Kirchenposition im Rahmen der Evangelischen Kirche in Deutschland, im Lutherischen Weltbund und dergleichen zuzubewegen. Dem kam natürlich auf der anderen Seite entgegen, dass bei einer nur vierjährigen Dauer des Bischofsamtes auch auf der anderen Seite keinerlei Interesse bestand, mich für ein gesamtkirchliches Amt zu gewinnen. Meine Position in der EKD blieb also schwach.

Die Konzentration auf Württemberg bedeutete nun freilich nicht, dass ich nicht die Zusammenarbeit mit anderen Christen in dieser Welt suchte und förderte, so weit dies möglich war. Das Verhältnis zur katholischen Diözese in Württemberg und überhaupt zur katholischen Kirche im Südweststaat war seit Jahren ein sehr gutes. Mein brüderliches Verhältnis zu Bischof Gebhard Fürst in Rottenburg festigte sich mehr und mehr, obwohl – oder gerade weil! – wir die bestehenden Unterschiede ohne Scheu und ohne Wenn und Aber ansprechen konnten. In vielen Punkten standen wir uns nahe, meinerseits empfand ich mich manchmal sogar wesentlich stärker mit ihm verbunden als mit manchen Vertretern der EKD. Das galt für die Ethik, das galt für die Christologie, das galt für die Frage nach der Heiligen Schrift. Ein äußerst respektvolles, ja herzliches Verhältnis verband mich auch mit Walter Kardinal Kasper. Da die Stiftskirche immer noch im Umbau war, mussten viele gemeinsame Gottesdienste im katholischen St. Eberhard stattfinden. Nach Recht und Übung der katholischen Kirche hielt ich dann dort meist die Predigt. Allmählich wurden mir manche Gesichter vertraut, die dort in der ersten Reihe saßen.

Was damals viele Gemüter bewegte und besonders auf den Kirchentagen thematisiert wurde, war die Frage nach dem gemeinsamen Abendmahl. Ich warnte vor zu frühen Erwartungen. Für die katholische Seite war klar, dass zuerst eine Klärung in der Glaubenslehre vorangehen musste. Hier Dinge übers Knie zu brechen, bedeutete, die Klärung hinauszuschieben.

Doch nun trat eine ganz andere Dimension an mich heran, an die ich zuvor nicht gedacht hatte. Das war die dritte große christliche Kirchengruppe, nämlich die Orthodoxie. Aufgrund verschiedener Umstände hatten sich seit einiger Zeit verdichtete Kontakte zum Osten ergeben. Das war ein unleugbares Verdienst von Kirchenrat Manfred Wagner. Die Geschichte Württembergs mit Byzanz und der Orthodoxie war lange und kompliziert. Der Zweite Weltkrieg richtete auch auf diesem Gebiet maßlose Zerstörungen an.

Nun lebte einiges auf, vor allem auch durch die Diakonie. Ich wurde da sozusagen ansatzlos hineingeworfen. Vierzehn Tage nach Beginn des Bischofsamtes erreichte mich mitten in einer Veranstaltung ein Anruf aus Esslingen: »Wir haben den Metropoliten von Weißrussland bei uns zum Mittagessen und kein einziger Vertreter der Kirchenleitung ist hier. Sie müssen sofort kommen.« Das Protokoll siegte. Das Mittagessen wartete. Dann saß ich neben Filaret, dem Metropoliten von Weißrussland (Belarus). Er sprach gut Deutsch, hatte jahrelang in Berlin gelebt und war Neutestamentler wie ich. Spontan und herzlich lud er mich zu einem Besuch in Weißrussland ein. So begannen meine persönlichen Kontakte. Sie erweiterten sich rasch nach Rumänien und Georgien.

Aber es gab ja noch die entgegengesetzte Richtung: den Westen. Erst in Stuttgart ging mir die Bedeutung des »französischen Württemberg« links des Rheines auf, die historische und aktuelle Verbundenheit mit Montbéliard (Mömpelgard) und dem Elsass. Ein weiterer Horizont verband uns mit Afrika. Patenschaften verknüpften viele einzelne Gemeinden, wichtig blieb unter anderem die von meinen Vorgängern geknüpfte Freundschaft mit Bischof Alpha Mohammed und seiner Diözese im Rift Valley in Tansania. Auch davon später. Insgesamt summierten sich Reisepläne und tatsächliche Absprachen in einem atemberaubenden Tempo. Welche unendlichen Möglichkeiten hatte dieses kleine Württemberg! Vieles scheiterte einfach an kleinlichen Sparplänen.

Schließlich stand ich vor der Frage: Was für eine Kirche will ich meinem Nachfolger in gut vier Jahren hinterlassen? Auch diese Frage gehörte zu den zunächst vernunftbestimmten, »coolen« Überlegungen, zu denen ich verpflichtet war. Sie hat mehr Beziehungsebenen, als man zunächst vermutet. Das Bischofsamt ist mehr als ein rein »religiöses« Amt im landläufigen Sinne. Vielmehr enthält es starke politische Elemente. Auch die Priester des alten Israel, vor allem die Hohenpriester, standen in einer politischen Verantwortung ihrem Volk gegenüber. In einer anderen Zuordnung arbeiteten die Bischöfe des Neuen Bundes, aber doch auch wieder als die Hirten ihrer Herde im gesamten politischen Bereich des Lebens und als Repräsentanten der Gemeinde gegenüber der gesamten Gesellschaft. Mein Bestreben war, die kirchliche Unabhängigkeit zu erhalten und zugleich loyal in einem christlichen Staat, wie es Baden-Württemberg war, mitzuarbeiten. Wir hatten manche Diskussion im Oberkirchenrat, ob unser Land ein christliches Land sei. Als Historiker und Jurist musste ich diese Frage bejahen, während ein Teil des Oberkirchenrats scharf dagegen war.

Die Frage: Welche Kirche sollte ich meinem Nachfolger hinterlassen?, griff jedoch weit tiefer. Sollte es eine aufgewühlte, verwundete, zerstrittene Kirche sein? Oder eine Kirche, die trotz aller Gegensätze zusammenleben und etwas bewirken wollte? Das hing teilweise auch von der Art meiner Äußerungen ab. Auf jeden Fall, gleich wie ich mich verhielte, würde mein Verhalten irgendjemand nicht gefallen. Ich entschied mich für die Grundlinie, die ich in 1. Timotheus 3,1ff und Epheser 4,1ff vorfand. Das heißt, ich verzichtete auf eigene Zuspitzungen und Schärfen und versuchte, gleichzeitig allen gegenüber freundlich und deutlich zu sein. Mein Wunsch war, dass mein Nachfolger eine geordnete, biblisch fundierte und möglichst einige Kirche vorfand. Inwieweit das gelungen ist, kann ich selbst nicht beurteilen. Unter Umständen, die ich nicht mehr rekonstruieren kann, hatte mir Gott ein Wort als Losung für den späteren Lebensabschnitt gegeben, das an Offenbarung 3,2 erinnerte: »Stärke, was sterben will.« An dieses Wort hielt ich mich.

Erste Stationen auf meinem Weg durch diese vier Jahre habe ich schon angesprochen. Ziemlich am Anfang wurde entsprechend früheren Vorgängen ein Presse-Hintergrundgespräch arrangiert. Zu meiner Überraschung fragte ein Vertreter des Personaldezernats, ob er mit dabei sein dürfte. Ich hatte damit kein Problem und sagte zu. Das Gespräch verlief gut. Doch als die Journalisten das Thema »Kirche und Homosexualität« ansprachen, lud sich die Atmosphäre spürbar auf. Ich sagte, dass die Kirche eine praktizierte Homosexualität nicht bejahen könne. So oder ähnlich lauteten dann auch die Zeitungsüberschriften am nächsten Tag. Das war ja meine Linie in meinen Kommentaren, Vorlesungen, Synodalberatungen und -entschließungen und allen meinen öffentlichen Stellungnahmen. Mitten im Gespräch meldete sich der Vertreter des Personaldezernates zu Wort und teilte mit, dass in Württemberg doch Sonderfälle homosexueller Verbindungen unter der Pfarrerschaft existierten. Mir war dieser Sachverhalt nicht bekannt und ich fand es eigenartig, dass das jetzt im Rahmen dieses Pressegesprächs angesprochen wurde. Ich lernte aber, dass ich mit solchen Begleitumständen leben musste.

Warum gewann gerade die Homosexualität ein solches Gewicht? Ein Thema, an dem kaum jemand Freude hat? Weil das Verhältnis der Geschlechter seit Beginn der Schöpfung (1. Mose 1–2) zu den elementaren Voraussetzungen menschlichen Lebens gehört. Was in diese Voraussetzungen eingreift, ist so gewichtig wie der Tod (Hoheslied 8,6). Es ist mitnichten eine Frage der »Varianten« oder nach dem »Lebensstil«.

Ganz rasch entstanden Kontakte zum EKD-Bereich. Württemberg wurde hier ambivalent gewertet. Einerseits genoss es hohe Achtung aufgrund seiner geschichtlichen Rolle als »evangelisches Spanien«, aber auch aufgrund seiner pietistisch-erwecklichen Struktur. Andererseits wusste man nie so recht, woran man mit Württemberg war. Damals gewannen die Kirchenbünde innerhalb der Evangelischen Kirche in Deutschland neue Bedeutung. Gegenüber der VELKD

(Vereinigung Evangelisch-lutherischer Kirchen in Deutschland) versuchte ein Bündnis aller anderen Kirchen Einfluss zu gewinnen, wobei Baden eine führende Rolle spielte. Als dieses Thema »in« war, machte ich im Oberkirchenrat den Vorschlag, dass wir uns gemäß der Kirchenverfassung an die VELKD anschließen sollten. In unserer Kirchenverfassung heißt es klipp und klar, dass die württembergische Kirche eine »evangelisch-lutherische Kirche« sei (Paragraf 1). Aber mein Vorschlag traf auf heftigen Widerstand. Man befürchtete im Oberkirchenrat und übrigens auch in der Synode, dass Württemberg dann die Rolle eines Zünglein an der Waage verlieren und weniger einflussreich sein werde. So blieb es dabei, dass Württemberg in beiden Kirchenbünden nur jeweils Gastmitglied war, im Lutherischen Weltbund dagegen Vollmitglied – eine etwas seltsame Konstruktion. Meines Erachtens hätten wir effektiver in die Geschehnisse eingreifen können, wenn wir schon auf der Ebene der VELKD Vollmitglied gewesen wären.

Ein Highlight waren die EKD-Synoden. Auf der Synode von Trier erreichte ich es immerhin, dass die württembergische Kirchenleitung den Sitz im Rat zurückerhielt, den sie zuvor verloren hatte. Ich schlug dafür unsere Direktorin Margit Rupp vor, mit der ich so hervorragend zusammenarbeitete. Angesichts der unglaublichen Rivalitäten unter den Landeskirchen dauerte es jedoch bis zu den letzten Wahlgängen, dass sie durchkam, nicht ohne ein emotionales Votum von mir in der vorausgehenden Beratung.

Das Endergebnis der Ratswahl fand ich sehr gut. Mit Wolfgang Huber hatten wir jemand an der Spitze, der theologisch und publizitätswirksam argumentieren konnte. Eine ganze Reihe von Ratsmitgliedern durfte man zudem als theologisch konservativ betrachten, darunter als früheren »Bengel« Peter Hahne. Es gab sodann auf jeder EKD-Synode einen speziellen württembergischen Abend nach Abschluss der Beratungen. Jürgen Kaiser vom Presseamt fuhr dafür ganze Ladungen an Maultaschen und Württemberger Wein herbei. Aber der Zuspruch war so groß, dass uns mehrmals der Nachschub ausging. Alle waren eingeladen, die Badener, Bayern und Hannoveraner kamen. Da Wolfgang Huber württembergischer Vikar gewesen war, fühlte er sich auch an diesem Abend als Württemberger und kam in aller Selbstverständlichkeit.

Ein wichtiger Zweck unserer Veranstaltung war der, auf diese Weise wenigstens einmal im Jahr die Schwaben zusammenzuholen, die inzwischen in der Kirchenkanzlei, in Berlin oder sonst wo außerhalb der Landeskirche arbeiteten. Mir fiel der depressive Unterton auf, mit dem sie über die gegenwärtigen Entwicklungen berichteten. Die Mitgliederzahl der Kirche sei nicht zu halten – wieder standen wir vor der Herausforderung einer wachsenden Kirche. Die Energien würden fast völlig von politiklastigen und kurzatmigen Projekten verbraucht. Von daher muss man Wolfgang Huber verstehen, wenn er mit seiner Studie »Die Kirche der Freiheit« einen Richtungswechsel versuchte. In der Tat: Die Dreier-Zielansprache »Frieden, Gerechtigkeit, Bewahrung der Schöpfung« dominierte nach meinem Eindruck sämtliche Synoden jener Jahre. Der Elan der Leipziger Missions-Synode von 1999 – wenn es ihn überhaupt gegeben hat – war schon in den frühen 2000er-Jahren verpufft. Ich würde es heute sehr hart formulieren: An einer Ausbreitung unseres Glaubens in andere Milieus und andere Religionen war diese EKD-Synode nicht interessiert.

Etwas anders schlug der Puls bei den Jahresempfängen der EKD in Berlin. Mich wunderte, wie viele Politiker/Politikerinnen und Menschen des öffentlichen Lebens dorthin eilten. Der Gendarmenmarkt und der Französische Dom boten natürlich eine fantastische Kulisse. Die Möglichkeit zu Gesprächen war fast einmalig, unsere EKD-Botschafter in dieser Kulisse verdienten Anerkennung. Äußerst liebenswürdig wurde ich in der Landesvertretung des Landes Baden-Württemberg empfangen. Überhaupt hatten Kontakte und Kooperationsmöglichkeiten mit dem Land einen weiten Radius. Dessen katholische Repräsentanten standen uns nicht ferner als die evangelischen.

Damit bin ich schon bei dem weiten Bereich der Beziehungen zwischen Kirche und Staat. Die baden-württembergische Landesverfassung vom 14. Mai 1984 ist eindeutig auf ein positives Verhältnis zum christlichen Glauben der Bevölkerung im Südwesten angelegt. So enthält Artikel 12 das Verfassungsgebot, dass »... die Jugend ... im Geiste der christlichen Nächstenliebe ... zu erziehen« sei. Soweit ich es beurteilen kann, haben sich die politischen Instanzen an diese

Verhältnisbestimmung gehalten, bis die Bildungspläne nach 2010 diese Basis zu zerstören begannen.

In meiner Bischofszeit gab es jedenfalls keinen Grund, mit irgendeinem Misstrauen in die Kontakte, Gespräche und Verhandlungen mit unserer Landesregierung einzutreten. Für eine solche positive Beziehung stand schon der Ministerpräsident Erwin Teufel, tief geprägt von seinem katholischen Glauben, zugleich mit der Weite für alle christlichen Anliegen. Bis heute bin ich ihm in größter Hochachtung und Freundschaft verbunden. Am Ende meiner Bischofszeit konnten sogar erste Gespräche über einen Staatsvertrag aufgenommen werden, der der Evangelischen Landeskirche noch fehlte. Mein Nachfolger durfte dann den glücklichen Abschluss erleben. Gefragt war die Kirche bei den Bildungsplänen, in denen uns Werner Baur ausgezeichnet vertrat. Gefragt war sie in den Finanzgesprächen, die ja immer wieder den Reichsdeputationshauptschluss von 1803 und die daraus resultierenden Staatsleistungen berührten. Gefragt war sie natürlich bei Staatsakten und Trauergottesdiensten. Gefragt war sie als Sozialpartner. Hier wirkte sich allerdings unser protestantischer Dualismus sehr stark aus. Denn das Diakonische Werk war selbstständig, ausgegliedert aus der kirchlichen Organisation. Kurz gesagt: Als Landesbischof konnte ich das Diakonische Werk gegenüber dem Staat nicht vertreten. Das machte zusätzliche Arbeitsgänge nötig und schaffte ein unbefriedigtes Gefühl auch aufseiten des Staates. Es war eben nicht einfach, Protestant zu sein! Im Untergrund liefen Entwicklungen, die viel mehr noch die traditionelle Situation veränderten. An der Spitze dieser Entwicklungen standen die Zunahme der muslimischen Bevölkerung und der wachsende Einfluss des Islam. Dabei war auch dieses Phänomen nicht einhellig, sondern wies zahlreiche Farben und Schattierungen auf. Bei uns im Südwesten spitzte sich die Kopftuch-Frage besonders zu. Konnte eine muslimische Lehrerin an einer allgemeinen staatlichen Schule mit Kopftuch unterrichten? Auch auf christlicher Seite waren die Meinungen geteilt: Manche sagten schlicht »Lasst sie doch«, manche werteten das Kopftuch positiv als Zeichen für die Bedeutung der Religion, manche begrüßten es als Zeichen für die zunehmende Vielfalt der Religionen, manche fürchteten einen entsprechenden missionarisch-islamischen Einfluss.

Da das Kopftuch im Koran nicht direkt angesprochen war, jedoch von allen mir bekannten muslimischen Verbänden gefordert wurde, und zwar umso stärker, je mehr sie einem Islamismus zuneigten, betrachtete ich es nicht als harmloses Stück Tuch, sondern als Symbol der Ausbreitung des Islam. Als solches hielt ich es für unangemessen für Vertreterinnen des Staates. Die Argumentation mit den Kopfbedeckungen unserer Schwestern und der Nonnen erschien mir als oberflächlich. Denn diese repräsentierten die grundlegenden Bewegungen, die die Schulen erst geschaffen hatten, nämlich die Kirchen, und gehörten seit Jahrhunderten zum öffentlichen Leben. Man sollte also nicht Ungleiches gleich behandeln. Die Entscheidung unserer Landesregierung, das Kopftuch an den allgemeinen staatlichen Schulen zu verbieten, hielt ich folglich für richtig.

Ich begegnete in der Frage, wie wir mit dem sich rasch ausbreitenden Islam umgehen sollten, einem mehrfach gespaltenen Protestantismus. Für viele protestantische Menschen war es zunächst die Orientierung an der Menschenliebe, die für sie maßgebend war. Darin steckte ein tiefer christlicher Impuls. Man denke an Paulus in Galater 6,10: »Lasst uns Gutes tun an jedermann.« Einen Menschen zu lieben – gehörte dazu nicht auch die Achtung vor seiner Religion? Um zu zeigen, dass wir Muslime gerade auch in ihrem Glauben achten, halfen Kirchenkreise und Kirchengemeinden beim Bau einer Moschee, überreichten Geschenke und halfen zum Teil überhaupt erst, eine Baugenehmigung für Moscheen zu erkämpfen. Ein anderer mächtiger Impuls war der Humanismus. Seit der Aufklärung galt dieser Impuls als genuin protestantisch. Die berühmte Ringparabel Gotthold Ephraim Lessings lässt es ja offen, wer am Ende den echten Ring besitzt: das Christentum, das Judentum oder der Islam. Konnte Gott also nicht auch den Muslimen das Heil gewähren? Weshalb dann aber Abwehr oder gar Mission gegenüber den Muslimen?

Was mich noch mehr innerlich beschäftigte, war das Verhältnis der akademischen Theologie zum Islam. In den ersten Jahrzehnten der Einwanderung gab es nach meiner Kenntnis kaum eine tiefere Auseinandersetzung mit dem Islam. Unfruchtbare Forschungsprobleme banden viele begabte Kräfte, aber die Apologetik im biblischen Sinne (1. Petrus 3,15!)

schien völlig uninteressant. Dann wandelte sich die Situation. Plötzlich wurden die evangelischen Fakultäten an manchen Orten zu den prominentesten Fürsprechern islamischer Zentren. Über deren Beiräte eröffneten sie den islamischen Verbänden ein solches Mitspracherecht für den akademischen Raum, wie sie es der eigenen Kirche niemals zugestanden hätten. Das alles konnte man noch unter »fakultätspolitische Entscheidungen« einordnen.

Doch wie sah es auf der inhaltlichen Seite aus? Der Islam verteidigt unter Berufung auf den Koran, dass Jesus Wunder, auch Speisungswunder, getan hat. Historisch-kritische christliche Theologie leugnet sie weitgehend. Der Islam geht von der Jungfrauengeburt aus. Modern-kritische christliche Theologie leugnet sie. Der Islam bejaht die Himmelfahrt Jesu. Kritische Theologie der Christen hält sie für Mythos oder Legende. Andererseits: Der Islam leugnet vehement die Gottessohnschaft Jesu. Die moderne christliche Theologie reduziert sie auf einen Ehrentitel, der grundsätzlich nur menschlichen Ursprung zulässt. Der Islam leugnet den Kreuzestod Jesu und die Erlösung durch sein Blut. Moderne christliche Theologie glaubt ebenfalls nicht an eine Erlösung durch sein Blut. Was wird geschehen, wenn diese beiden Ströme, der islamische und der kritisch-christliche, einmal aufeinandertreffen? Noch scheint dieses Aufeinandertreffen ein ganzes Stück weit entfernt. Aber wieweit haben wir uns darauf vorbereitet?

Der 11. September 2001 – fünf Monate nach meinem Amtsantritt – riss uns in den Kampf mit dem Islamismus hinein, dann der Krieg des Westens gegen den Irak in eine endlose Folge von Bürgerkriegen und Kriegen im Nahen Osten und Nordafrika, überall dort, wo Europa und die muslimische Welt sich berührten. Den Irak-Krieg von 2003 konnte man schon eine ganze Zeit voraussehen. Die Amerikaner ließen lange zuvor ihre Propaganda-Maschine laufen, um die Welt darauf vorzubereiten. Dass der damalige Bundeskanzler Schröder der Beteiligung am Irak-Krieg eine Absage erteilte, erwies sich als richtig. Wir Kirchen hatten unsere eigenen Informationsquellen. Dazu gehörten in erster Linie die Nachrichten derjenigen Missionen, die im Nahen Osten tätig waren. Deren einhellige Aussage: Lasst die Finger von diesem Krieg. Sein Ende wird Terror, Schrecken, Leiden, Flucht und das Ende des orientalischen Christentums sein.

Die Fakten lagen auf dem Tisch: Saddam Hussein, der Herrscher im Irak, hatte nicht die Massenvernichtungswaffen, die Amerikas Regierung unterstellte. Der amerikanische Außenminister Powell log offensichtlich, als er vor der UNO anderes behauptete. Mir tat es leid um Powell, denn er war offensichtlich persönlich ein honoriger Mann. Überraschend schnell danach trat er zurück. Saddam Hussein, ein Sunnit, war grausam gegen Kurden und Schiiten. Aber die Christen erschienen ihm offensichtlich tolerabel. Jedenfalls konnten 1,5 Millionen Christen im Irak relativ gesichert leben. Sein Ministerpräsident, Aziz, war ein Christ. Warum Saddam Hussein angreifen? Er war außerdem ein Stabilitätsfaktor ersten Ranges. Gab es in dem Bündel der Motive der amerikanischen Regierung auch christenfeindliche Motive? Die christlichen Bischöfe verschiedener Länder warnten jedenfalls vor dem Irakkrieg. Auch die deutschen Bischöfe. Ich selbst erklärte mich in der Synode gegen diesen Krieg. In meinem Statement stellte ich unter anderem die Frage, was denn am Ende eines solchen Krieges stehen sollte? Hass gegen alles Christliche, aus dessen Raum die angreifenden Mächte kamen? Verfolgung der irakischen Christen? Ein Verlust des Vertrauens in die westlichen Staaten?

Heute wissen wir, dass alles noch viel schlimmer kam. Meines Wissens erhielten die protestierenden Bischöfe von politischer Seite keine Antwort. Das Ergebnis des Krieges von 2003 war zunächst die Zersplitterung des irakischen Staates, der freilich selbst ein Kunstprodukt der Engländer und Franzosen darstellte, in drei Territorien: ein schiitisches, ein sunnitisches und ein kurdisches. Ein furchtbarer Hass entbrannte gegen die Christen, die man als Ableger des Westens empfand. Eine lange Geschichte der Verfolgung dezimierte die irakischen Christen auf geschätzte zehn bis zwanzig Prozent der Zahl, die unter Saddam Hussein vorhanden gewesen war. Verzweifelte Hilferufe der christlich-irakischen Bischöfe fanden im Westen kaum Beachtung. Nur katholische Initiativen leisteten stärkeren Beistand, später übrigens auch die Württembergische Kirche.

Ich bin kein Politiker. Ich rechne grundsätzlich damit, dass meine politischen Analysen falsch sein können. Aber an der Spitze einer Landeskirche mit 2,3 Millionen Mitgliedern kommt man nicht umhin, auch politische Zusammenhänge zu reflektieren. Um es auf einen groben Punkt zu bringen: Ich sah im Handeln des Westens keinen Sinn. Gleichzeitig legte ich mir die Frage vor, ob nicht meine Generation das Ende des orientalischen Christentums, das bis dahin unter 1 300 Jahren Islam seinem christlichen Glauben treu geblieben war, zu verantworten hatte.

Noch einmal kehre ich kurz zum Thema »Kirche und Staat« in meinen wenigen Bischofsjahren zurück. Mich erfüllt heute noch Dankbarkeit, wenn ich an die vielen Möglichkeiten denke, die sich uns damals eröffneten. Haben wir sie genutzt? In weitem Maße kann man sagen: Ja. Aber daneben steht sozusagen eine Reihe von Vermessungspunkten, die zeigen, dass mehr möglich gewesen wäre. Wir hatten auch mit Hemmungsfaktoren zu kämpfen. An erster Stelle stand hier ein gefühltes Distanzgebot, zu dem sich weite Teile des Protestantismus verpflichtet fühlten. Muss ein Christ Sozialist sein? In der Denklinie Barths und Jüngels bejahten viele diese Frage. Ich traf nur wenige Pfarrer, die zu den sogenannten »christlichen Parteien« ein positives Verhältnis unterhielten. Natürlich gab es meines Wissens weder extern noch intern Wahlempfehlungen. Aber man spürte einen *shift*, in dessen Folge eine Anzahl Pfarrer die SPD als zu »konservativ« betrachtete und sich weiter links orientierten. Das Erbe des Kirchenkampfes im Dritten Reich schien überdies manche Theologen dazu zu verpflichten, dem Staat grundsätzlich kritisch und misstrauisch zu begegnen. Römer 13,1ff war nicht gerade ein beliebter Text. Ein konkreter Punkt, an dem ich litt, war das Betätigungsfeld, das sich in Brüssel aufgetan hatte. Baden-Württemberg, dessen Wirtschaftskraft zum Beispiel diejenige Tschechiens übertraf, richtete dort am zentralen Sitz der EU-Behörden eine gut ausgestattete Landesvertretung ein. Zur Einweihung hatte man auch einen gottesdienstlichen Akt vorgesehen. Ich hielt die Sache für wichtig genug, um nach Brüssel zu fliegen und zusammen mit dem Vertreter der Diözese Freiburg diesen Einweihungs-Akt zu gestalten.

Es war das einzige Mal, dass ich erlebte, dass der anwesende türkische Außenminister sich zum Vaterunser mit uns erhob und achtungsvoll dabeistand. Ich staunte über die Offenheit aller Anwesenden, staunte über die Großzügigkeit der Einrichtungen und staunte über das Angebot an die Kirchen, dieselben mitzubenutzen. Welche Möglichkeit, persönliche Kontakte aufzubauen! Sich erstklassig zu informieren! Anliegen des christlichen Glaubens zu unterstützen! Als ich nach Stuttgart zurückkam, fand ich Missmut vor. Ich selbst fand in der anschließenden Zeit keine Möglichkeit mehr, hier initiativ zu werden. Sehenden Auges entschwanden hier Chancen.

Ja, wir verloren manche Gebiete, auf denen wir einst stärker präsent waren. Leider galt dies auch für das Gebiet der Mission. Die Zahl der Pfarrer nahm ab, die wir für diesen Bereich freistellen oder sogar bezahlen konnten. Da Württemberg das Herzland der deutschen evangelischen Mission war, empfand ich diesen Rückbau als besonders belastend.

Lange Zeit kämpften wir zum Beispiel um die Besetzung einer Pfarrstelle in der Inspektion Montbéliard, dem früheren Französisch-Württemberg. Stolz zeigte man bei der Stadtführung die Bauwerke Heinrich Schickhardts (auch Schickard geschrieben)[9] und die Einrichtungen der württembergischen Herzöge und Könige. Montbéliard war mit dem übrigen Württemberg evangelisch geworden. Bis heute bildet es die einzige zusammenhängende evangelische Region in Frankreich.

Mit Inspecteur Dauteville verband mich eine herzliche Freundschaft. Im Vergleich zu uns waren die Montbéliarder Pfarrerinnen und Pfarrer »mausarm«. Und jetzt sollten Unterstützungen eingeschränkt und am Ende gar unsere Pfarrstelle dort gestrichen werden! Zum Glück ließ es sich noch verhindern. Meine Besuche in Montbéliard gehören mit zu den schönsten Erinnerungen jener Jahre.

Verlorenes Terrain: In gewisser Weise gehörte dazu auch die Vereinigung der »Églises riveraines« am Rhein. Eigentlich eine weite Perspektive der Zusammenarbeit aller evangelischen Kirchen, die an den Rhein grenzten: Österreich, Schweiz, Frankreich, Baden, Hessen-Nassau, Pfalz, Rheinische Kirche, Niederlande. Dass auch Württemberg mit dabei war, verdankten wir dem Bodensee, durch den der Rhein fließt. Jährlich traf man sich einmal in Straßburg. Als die Franzosen aus dem Elsass kein Deutsch mehr konnten, wech-

---

9 Wikipedia, zuletzt nachgeschlagen am 14. 11. 2018.

selte die Konferenzsprache ins Englische. Welche Möglichkeiten hätten sich für kirchliche und missionarische Ziele geboten, wenn man dieses Instrumentarium eingesetzt hätte! So blieb es bei einer Art Aussprache- und Diskussionsforum. Brüssel, Montbéliard und die »Kirchen am Rhein« machten jeweils auf ihre Art klar: Es fehlte an einem kirchlichen und missionarischen Blick für den Westen.

Beim Blick auf die Reisen verbinden sich viele der bisher berührten Elemente: das persönliche Erleben, die Kontakte mit Staat und Politik, und besonders der kirchliche Weg in jenen Jahren.

Erste Wege führten in die Slowakei. Die slowakische lutherische Kirche bemühte sich, auf gleicher Augenhöhe mit der katholischen zu handeln. Dies schien bis dahin gelungen. Sie kam ja aus den staatsrechtlichen Verhältnissen des Königreichs Ungarn, das im Unterschied zum habsburgischen Österreich keine Dominanz der katholischen Kirche kannte. Anfang der 2000er-Jahre gab es eine gemeinsame Synode der Slowakei, Thüringens und Württembergs. Das Verhältnis war sehr herzlich. Staatspräsident Schuster, ein Slowake aus der deutschen Minderheit, überreichte uns evangelischen Kirchenführern hohe Orden. Manches Überbleibsel der Vergangenheit konnte bereinigt werden. Auch die Freundschaft mit Generalbischof Julius Filo wurde noch einmal gestärkt. Im Untergrund schwelte bei den Slowaken freilich das Problem der Aufarbeitung der kommunistischen Vergangenheit. Doch eines stand außer Zweifel: die Slowakei ist ein Teil Mitteleuropas. Und ihre lutherische Kirche war zumindest in jener Zeit ein Beispiel dafür, dass sich Luthertum und missionarisches Mühen sehr gut vereinigen ließen.

Bald erreichte mich eine Einladung nach Rumänien. Sie ging aus von einem bemerkenswerten Menschen, Erzbischof Bartolomeu. Er war mir bei meiner Investitur aufgefallen. Denn er ließ sich das Recht nicht nehmen, als Partner der Evangelischen Landeskirche Württembergs zu meiner Amtseinführung zu sprechen. So wurde kurzerhand am Morgen nach meiner Investitur ein Sondergottesdienst in der Leonhardskirche in Stuttgart angesetzt, deren Kanzel er bestieg, um eine ausführliche und im Übrigen gute Ansprache zu halten. Schon bei dieser Gelegenheit fanden wir einen erstaunlich guten Draht zueinander. Erzbischof Bartolomeu gehörte als junger Priester zu den vom kommunistischen Regime Verfolgten. Es war, soweit ich es beurteilen kann, ein schwerer Weg bis zum Leiter der Diözese Klausenburg, auf Rumänisch Cluj-Napocal.

Bartolomeu war auch begabt als Dichter. Zusammen mit ihm habe ich einen schönen Band herausgegeben. Mit Klausenburg betraten wir wohl das interessanteste Nervenzentrum Westrumäniens. Da in unseren Schulen weder über die neuere Geschichte der Deutschen noch über die Geschichte Rumäniens ausreichend unterrichtet wird, staunten unsere Delegationsmitglieder oft ganz kindlich über das, was uns begegnete. Klausenburgs berühmte Universität war immer noch dreisprachig: Rumänisch, Ungarisch, Deutsch. Selbst

Mathematik wurde auf Deutsch unterrichtet! So war es ganz normal, dass ich auf Deutsch einen theologischen Fakultätsvortrag hielt.

Solange wir uns in Klausenburg befanden, durften Gudrun und ich im erzbischöflichen Palais in den Zimmern von Bartolomeu wohnen – es war wirklich ein Palais! Und zugleich ein kleines Zeichen dafür, wie die rumänischen Christen mit ihrer Kirche umgingen. Für sie sollte die Kirche auch äußerlich glänzen, damit man auf den inneren Glanz vorbereitet würde. Deshalb trugen sie ihr Gold zur Kirche. Deshalb die Prachtgewänder, die Prachtkreuze, der Gegensatz von Alltagsarmut und den Schätzen der Kirche. Wie total anders denkt der Protestantismus des Westens: Während hierzulande jedermann durch seinen Autotyp und seine Geburtstagsfete seinen Reichtum zur Schau stellt, soll die Kirche niedrig und gering auftreten. Recycling-Gegenstände, schwarzer abgetragener Anzug, ein Dienstfahrrad für den Bischof: So soll protestantische Kirche in Erscheinung treten.

Wir Anzugs-Christen mit protestantisch-ernster Miene mussten den Rumänen ein wenig komisch erscheinen. Dabei hatte sich ihr repräsentativ-glanzvolles Auftreten in den Jahrhunderten mit und unter dem Islam nicht schlecht bewährt. Ich sprach Bartolomeu – das war zwischen uns möglich – direkt beim Neubau einer Kirche darauf an: »Warum soll in der Kirche alles aus Gold sein, wenn doch die Leute so arm sind?« Er blickte mich an und sagte: »Das wollen die Leute. Die Kirche soll zur Ehre Christi das Beste haben.« Ich muss noch einen Augenblick bei diesem Neubau stehen bleiben. Damals standen zwei Wände, eine Längswand und eine Querwand. Über dem Winkel ein Notdach, unter dem Notdach ein leuchtender Altar. Und in diesem Rohbau Gottesdienste, Anbetung. Schreiender hätte man den Gegensatz zu uns Deutschen nicht ausdrücken können. Bei uns bis zur Schlüsselübergabe Putzen, ein Wischen über den letzten Staub, ein letzter elektrischer Check. Bei den Rumänen galt die erste Mauer schon als neue Kirche. Ob man für die zweite Mauer noch zwanzig Jahre brauchte, war unerheblich. In welches Licht gerieten hier unsere Kirchenverkäufe, Rentabilitätsberechnungen, stöhnend ausgeführte Reparaturen!

Doch in der Diakonie waren wir spitze. Ich staunte über das, was unsere Diakoniker zuwege brachten. Dabei waren sie großzügig genug, auch Projekte zu fördern, die bei uns kaum noch von Bedeutung waren. In Klausenburg konnten wir ein wenig davon besichtigen. Wie immer beeindruckten mich vor allem die Menschen, denen wir dabei begegneten. Neben den Bischöfen Bartolomeu (Erzbischof) und Vasile waren es hier vor allem Frau Todea-Gross und ein Mönch, dessen Name mir entfallen ist. Frau Todea-Gross, gebürtige Siebenbürgerin, hatte sich mit einem Rumänen verheiratet, war zur orthodoxen Kirche übergetreten und leitete jetzt in der Diözese eine viel gefragte Arbeit, in der man sich der vielen Mädchen und Frauen annahm, die in Schulen und Ausbildungseinrichtungen abtreiben wollten. Bis heute sind Gudrun und ich mit ihr in Verbindung.

Eigenartig war die relativ kurze Begegnung mit dem erwähnten Mönch. Mir fiel sein Englisch auf. »Wo haben Sie es gelernt?« Er lächelte: »Ich bin Amerikaner.« Er erzählte: »Meine evangelikale Gemeinde schickte mich nach dem Sturz der Kommunisten nach Rumänien. Man sagte mir, dort gebe es keine Christen, und ich sollte nach Möglichkeit eine christliche Gemeinde gründen. Dann sah ich, dass hier fast alle Christen waren, lernte auch Orthodoxe kennen und bin schließlich orthodoxer Mönch geworden. Jetzt werde ich unter anderem wegen meiner Sprachkenntnisse in der Diakonie eingesetzt.« Er führte unsere Delegation.

Woher kommt es, dass die Christen im Osten großen Teilen des Protestantismus als Heiden oder doch als Halb-Heiden gelten? Ob deshalb ein Aufeinandertreffen häufig Schwierigkeiten bereitet und die Verwirklichung von Johannes 13,34f weit entfernt erscheint? Übrigens gaben bei der Volkszählung, die während oder kurz vor unserem Besuch stattfand, 16 000 Rumänen an, Atheisten zu sein. In Tschechien waren es rund 70 Prozent, eine ähnliche Zahl ergab sich für die ehemalige DDR.

Zur speziellen Situation von Klausenburg gehörte seine Bedeutung für die Ungarn. Im Bengel-Haus hatte ich zwei ungarische Pfarrer aus der Umgebung von Klausenburg gehabt. Jetzt trafen wir uns wieder in einer ihrer Gemeinden. Noch immer lebten viele evangelische Ungarn in dieser Region. Der Schmerz, nach dem Ersten Weltkrieg zwangsweise dem neuen Rumänien eingegliedert worden zu sein, lebte weiter. Noch 1902 schrieb das Brockhaus Konversations-Lexikon (X, 390), Klausenburg habe »meist evang. ungar.« Einwohner. Mit der Auswanderung der deutschen Siebenbürger war ein Puffer zwischen Rumänen und Ungarn weggefallen.

Es ist klar, dass die nationalen Spannungen das Miteinander der Konfessionen nicht erleichtern. Wir machten selbstverständlich auch einen Besuch bei Lutheranern und Reformierten, was vonseiten Bartolomeus keinerlei Probleme bereitete. Mich erschreckte aber die kalte Atmosphäre bei diesen Begegnungen. Zurück zu Bartolomeu: Er wollte uns unbedingt das Kloster in den Bergen zeigen, das er immer wieder aufsuchte. Kurz nach dessen Besuch fragte er mich: »Wie teilst du die Zeit ein? Wo verbringst du sie?« Er erzählte dann von sich selbst, dass er drei von sechs Arbeitstagen in Klausenburg verbringe und drei in dem von uns besuchten Kloster. Und ich? Eventuell drei Tage im Oberkirchenrat in Stuttgart und drei in einem Einkehrhaus oder einer anderen Retraite? Undenkbar! Aber die Frage blieb mir haften. Wo geschieht Kirchenleitung »effektiver«? Mich beunruhigte es fast, wie diese orthodoxen Christen ihr Christsein lebten.

Zeitlich war dem Besuch in Klausenburg ein Besuch bei der Leitung der siebenbürgischen deutschen Kirche vorausgegangen. Wir organisierten unsere Rumänien-Reisen immer so, dass wir bei unseren eigenen Leuten, also den noch in Siebenbürgen lebenden deutschen Evangelischen, begannen. Vielfache Brücken verbanden uns: Projekte über die EKD, Direktprojekte Württemberg-Siebenbürgen, Zusammenarbeit auf europäischer Ebene, nicht zuletzt die vielen Siebenbürger, die jetzt in Württemberg lebten. Meine eigene sagenhaft zuverlässige Chefsekretärin in Stuttgart, Mathilde Schneider, stammte aus Siebenbürgen. Bischof Dr. Christoph Klein in Hermannstadt war einer der eindrucksvollsten Menschen, die ich kennenlernte: besonnen, bestimmt und freundlich zugleich.

Ich sprach auf einer Pfarrerzusammenkunft und spürte, wie bei allen Sympathien doch die Temperaturen verschieden waren: Die siebenbürgischen Pfarrer nicht »infizierbar« durch irgendwelche Erweckungs- oder Evangelisationgedanken, ich ein pietistischer schwäbischer Bischof. Erstaunlich, mit welcher Lebenskraft die so klein gewordene siebenbürgische Kirche, 13 000 Mitglieder stark, weiterhin ihren eigenen Weg suchte. Ich versuchte, Theologiestudenten im Bengel-Haus und überhaupt in Tübingen für ein Studium in der östlichsten evangelischen Fakultät, in Hermannstadt, zu gewinnen. Im Grunde gelang es nicht. Das Herz blutete mir, als wir an vielen kirchlichen und geschichtlichen Stätten vorbeirollten, die jetzt verlassen waren. Doch immer noch war die Schwarze Kirche in Kronstadt nahezu voll, als ich predigte. Und ich sah noch die Kinder der Familien, mit denen wir in der grausamen Ceaucescu-Zeit während der Bibelwochen Gemeinschaft hatten.

Die nächste große Reise führte uns nach Weißrussland. Ich trat sie in größter Spannung an. Russland faszinierte schon als solches. Es ist nicht ganz Europa und gehört doch zu Europa.

Wie tief ging die kommunistisch-sozialistische Prägung? Welcher Kirche würde ich dort begegnen? Die Ankunft auf dem Flughafen von Minsk war schon eine Lehrstunde. Wir standen achtungsvoll in der Abfertigungsschlange, neben uns die Zoll- und Polizeioffiziere. Da erblickten wir eine Gruppe von Priestern, die uns im Namen von Metropolit Filaret abholen sollten. Ein riesig dicker Mönch schob die Zoll- und Polizeioffiziere mit einer rudernden Armbewegung einfach auf die Seite, ergriff unsere Hände und Gepäck und hindurch ging es ohne jede Kontrolle. Dann gab es noch auf dem Flughafen eine erste Willkommensfeier: in einer Lounge-Ecke, mit Gebäck und Wodka. In seiner Residenz erwartete uns Filaret mit erkennbarer Freude. Erster Austausch. Wir übernachteten in einem Begegnungszentrum, das Württemberg mitgebaut hatte. Aber nach der »theologischen« Aufteilung Russlands durch die EKD war ich eigentlich auf fremdem Territorium. Denn Weißrussland war in dieser Aufteilung der damals selbstständigen Landeskirche der Kirchenprovinz Sachsen (KPS) zugeordnet. Demnach hätte ich erst reisen dürfen, nachdem deren Bischof Axel Noack informiert war. Aber unser Verhältnis war so gut, dass ich ruhigen Gewissens in Weißrussland sein konnte.

Wie gefüllt waren diese Tage! Gottesdienstbesuch in der Kathedrale St. Paul. Sie bot am Wochenende vier große Gottesdienste an, zwei am Samstag und zwei am Sonntag. Unserer am Sonntagmorgen übervoll. Württemberg hatte kurz zuvor das Kinder-Abendmahl eingeführt. Nun sahen wir, wie die Priester mit langen Löffeln schon ganz kleinen Kindern Wein und Blut Christi einflößten. Wir sahen, wie die emanzipierten Jugendlichen in Lederjacke und Pferdeschwanz anrückten, Reihe um Reihe. Tief beugten sie die Köpfe unter das Tuch der Priester, um die Beichte vor dem Abendmahl abzulegen. Grau waren die Priester. Aber woher kamen die vielen jungen Priester? Nach siebzig Jahren Sowjetzeit? Es war keine Kirche von Babuschkas, sondern die einer ziemlich gemischten Gesellschaft.

Für unsere Abendmahls-Teilnahme hatten unsere Gastgeber eine geniale Möglichkeit geschaffen. Nach traditioneller Lehre der Orthodoxen ist der Protestantismus eine Häresie. Zugleich behandelten sie uns wie Brüder und Schwestern. Was tun? Sie stellten an der Ikonostase, am offenen Eingang zum Priesterbereich, einen Tisch auf, an dem wir als Gäste Platz nahmen. Einer der Geistlichen reichte uns im Rhythmus der Liturgie Brot und Wein. So waren wir hineingenommen, ohne die Lehre und das Gewissen zu verletzen. Auf Minsk folgte die Fahrt nach Schirowitzi über Baranowitzi. Welche Erinnerungen! Auf dieser Rollbahn hatten die Ulmer Regimenter gekämpft, mit ungeheurem Blutzoll auf beiden Seiten, auf dieser Rollbahn drängte die Rote Armee die Deutschen zurück bis Brest-Litowsk, danach Warschau und Berlin. Am Beginn der Rollbahn, in Brest-Litowsk, war unser geliebter Onkel Hermann, Theologiestudent, gefallen. Gerne hätte ich sein Grab in Brest-Litowsk besucht, das knappe Programm erlaubte es nicht.

Dann das Kloster Schirowitzi. Wieder wird Geschichte lebendig. Lange Zeit Teil des Großfürstentums Litauen-Polen, Stützpunkt der orthodoxen Mittel- und Unterschicht in den Jahren der Polonisierung und Katholisierung, endlich 1945 wieder ein Teil Weißrusslands. In Schirowitzi war die Geistliche Akademie der Orthodoxen Kirche Weißrusslands angesiedelt. Dass ich zu ihrem Ehrendoktor ernannt wurde, bewegt mich bis heute. Wir lernten hier die ganze große Weite russischer Gastfreundschaft kennen. Vom Fasten-Frühstück mit Fisch und kaltem Mineralwasser bis zum Festessen für die Gäste mit zahllosen Tischreden – mehrere hielt der Metropolit selbst –, zahllosem Gemüse, herrlichen Dingen und den um die Tische gehenden Mönchen, die aus immer neuen Wodkaflaschen in die Gläser gossen.

Aber wir lernten nicht nur die russische Gastfreundschaft kennen. Wir wurden, bei anderer Gelegenheit allerdings, Zeugen eines bis ins Mystische und Altchristliche reichenden Gottesdienstes zum Fest der Kreuzauffindung durch Kaiserin Helena. Die theologischen Gespräche hatten für mich manches, was mich nicht so schnell losließ. »Diese Amerikanski«, brach es einmal aus Filaret heraus. Er wusste, dass viele Glaubensmotive hinter den amerikanischen Missionen steckten. Aber warum gründeten sie auf uralt-christlichem Gebiet eigene neue Gemeinden, oft noch von der Persönlichkeit einzelner Leiter bestimmt?

Weißrussland hatte – und daran wirkte meines Wissens der Metropolit mit – in seiner Verfassung fünf anerkannte

198

Religionen: Orthodoxe, Katholiken, Reformierte, Lutheraner und Baptisten. Im Verlauf des Gesprächs bat ich Filaret, sich freundlich um unsere Lutheraner anzunehmen. Er sagte zu. Meine eigene Erfahrung mit den Lutheranern in Minsk war deprimierend. Keine Gemeinschaft miteinander, sondern zwei personell und theologisch getrennte Gemeinden, eine davon mit 800 Gemeindegliedern. Gespräch in einer kleinen Stube. Die Behörden erklärten, sie würden einen Kirchenbau genehmigen. Aber welche der zerstrittenen Gemeinden sollte bauen? Verstand ich es richtig, so konnte die größere der beiden Gemeinden den Kurs des Ökumenischen Rates nicht billigen und hatte sich deshalb der lutherischen Missouri-Synode in Amerika angeschlossen. Druck ausüben? Mit Geldern locken, wie es die EKD tat? Mich erbarmte die ganze Situation, aber Württemberg jedenfalls konnte nicht eingreifen.

Hochinteressant waren die theologischen Gespräche mit den jungen Dozenten von Schirowitzi. Sie suchten nach einem Weg, die alte und bewährte Theologie der Kirchenväter mit den neuen Türen zu verbinden, die sich nach dem Sturz des Sowjetregimes geöffnet hatten. Inwieweit war unsere protestantische Theologie dabei hilfreich? Sie waren bemerkenswert neugierig, hatten aber immer den Kompass der geistgeleiteten Glaubensväter in sich. Es war klar, dass sie keine liberal-kritische Theologie wünschten. Sie würden dadurch ja auch zerstört werden. Nicht zu übersehen war, dass auch innerhalb der russischen Orthodoxie keineswegs einerlei Meinung herrschte. Was geografisch westlicher lag, war auch theologisch dem Westen näher.

Blicke ich zurück, dann denke ich, dass wir im Westen viele Möglichkeiten Anfang der 2000er-Jahre einfach verschlafen haben. Wer hatte schon ein Herz für die Orthodoxen? Die Evangelikalen jagten meist ihren Gemeindegründungen nach, die Liberalen entwickelten einen missionarischen Eifer, den Osten ebenso bibelkritisch zu machen wie sie selbst waren. Wir unterzeichneten in Minsk ein Studenten-Austausch-Programm. War das verfrüht? War es gut oder schlecht? Soweit ich Informationen aus den Folgejahren besitze, blieben solche Beziehungen selten und außerdem meist im Formalen stecken. Die EKD war ja auch in ganz anderen Gewässern unterwegs. Sie sperrte den baltischen lutherischen Kirchen das Geld, weil man dort die Frauenordination ablehnte, kämpfte um die Besetzung der Bischofssitze im lutherischen Russland und empörte sich gegen die orthodoxen Kirchenleitungen, die aufgrund ihres Glaubens Margot Käßmann in einer Führungsrolle beim Ökumenischen Rat der Kirchen ablehnten. Zum ersten Mal fiel mir die maßlose Verstiegenheit von uns Deutschen auf.

Noch einige persönliche Streiflichter: Beim Begegnungszentrum selbstverständlich eine große Kapelle. Sie war niemals leer. Frauen beteten stundenlang. Auf der Fahrt nach Grodno eine Unterbrechung am Grab eines Deutschen, der als Übersetzer einen Namen hatte. Ansprache, viele Menschen aus dem kleinen Ort. Ein alter Mann zu mir: »Ich auch deutsch.« – »Warum können Sie Deutsch?« – »Ostpreußen, zwei Jahre bei Bauern.« – »Wie ging es Ihnen?« – »Gut.« Am Schluss bat er: »Segnen Sie mich.« Ich segnete ihn, und es war klar: Wir waren eins in Christus. Die schöne evangelische Kirche, von einem Kaufmann erbaut in Grodno, stand noch ganz. Eine Dreiviertelstunde kam niemand, um aufzuschließen, obwohl es telefonisch vereinbart war. Ich musste wieder gehen. Sah die neue orthodoxe Kirche von Grodno. Drin das Wandbild eines Sowjetsoldaten, der einen Priester erschießt. 15 000 Priester hatte Weißrussland vor Stalin, nach den stalinschen Säuberungen noch 300. Wer gedenkt bei uns der Märtyrer des Ostens? Kennen wir auch nur einen einzigen Priester-Namen?

Allmählich wurde in mir die Frage wach: Warum sind die Menschen hier so freundlich zu uns Deutschen? Nach einem jahrelangen Partisanenkrieg, der von beiden Seiten so grausam geführt wurde? Ich erlebte die Einweihung einer neuen Kirche in Minsk. Alles wartete eine Dreiviertelstunde, bis Präsident Lukaschenka kam. Filaret stellte bei dieser Gelegenheit auch mich als Gast aus dem Westen vor. Lukaschenka spricht mich auf Deutsch an: »Danke, dass Sie gekommen sind.« Nachher hält er die Einweihungsrede: »Ich bin ein orthodoxer Kommunist« – orthodox im Sinne von orthodoxer Christ zu verstehen. Und er sagt: »Solange ich hier bin, werden in Minsk Kirchen gebaut.«

Mit Gudrun bin ich einig: Das Lukaschenka-Bild unserer deutschen Presse ist voller Lücken, erst recht bei den von

Zeit zu Zeit stattfindenden Anti-Lukaschenka-Kampagnen. Was bewegt unsere Presse, gerade den Mann ins Visier zu nehmen, der es fertigbrachte, die Selbstständigkeit Weißrusslands sogar gegenüber Putin zu behaupten? Der im Vergleich zu anderen Regierenden für viele immer noch erträgliche Lebensbedingungen zustande bringt? Die Presse soll Defizite aufdecken. Aber zwischen ihrem Bild und der Wirklichkeit darf der Abstand nicht zu groß werden. Dankbar, aber auch wehmütig, verließen wir Weißrussland.

Im Jahr 2004 sollte ein schon länger ausgearbeiteter Partnerschaftsvertrag mit der Lutherischen Kirche in Georgien unterzeichnet werden. In Abstimmung mit den EKD-Organen hielt es das theologische Dezernat für richtig, diese Unterzeichnung mit der Einsetzung eines neuen Bischofs in Georgien zu verbinden. So kam es zur Planung einer Georgien-Reise, an der ich als Bischof teilnahm. Erweitert wurde unsere Delegation durch Vertreterinnen und Vertreter des Gustav-Adolf-Werkes, die eine Bäckerei-Ausrüstung nach Georgien bringen wollten, sowie durch Mitglieder unseres Baudezernates, die verschiedene Bauvorhaben prüfen oder vorbereiten sollten.

Der Flug nach Tiflis verlief problemlos. Herzlich empfangen wurden wir von Frau Hummel, deren Mann der eigentliche Wiederentdecker der Lutheraner in Georgien war. Hummel, von Geburt Württemberger, später Professor in Saarbrücken, brachte ausgezeichnete Kontakte und die nötige Zähigkeit für seine Aufbauarbeit mit. Er ließ eine neue lutherische Kirche errichten, organisierte Kirche und

Diakonie. Dass er dabei auf Württemberg zurückgriff, war ganz natürlich. Denn die Lutheraner Georgiens hatten fast ausnahmslos schwäbische Wurzeln. Sie gingen auf die pietistischen Auswandererzüge zurück, »Harmonien« genannt, die zu Anfang des 19. Jahrhunderts gegen Michael Hahns Rat auswanderten. Sie suchten einen »Bergungsort« im Osten, um die Antichrist-Zeit zu überstehen und den wiederkommenden Heiland zu erwarten. Auf Ulmer Schachteln fuhren sie die Donau hinab, durchquerten Bessarabien und die Ukraine, überstiegen die 5000 Meter des Kaukasus und langten endlich in dem soeben russisch gewordenen Georgien an. Die russische Regierung gab ihnen Land und Schutz. So blieben sie dort. Ihr ursprüngliches Ziel, das Heilige Land, war wegen der Türken und Perser faktisch unerreichbar.

Es entstanden blühende Gemeinden wie etwa Katharinendorf. Chrischona-Absolventen dienten ihnen als lutherische Pfarrer. 1941, beim Ausbruch des Krieges zwischen Hitler und Stalin, betrug ihre Zahl 40000, mehr als ein Prozent der georgischen Bevölkerung.

Übrigens stammte die schwäbische Großmutter Stalins aus ihren Reihen.

Das Jahr 1941 bedeutete die Katastrophe schlechthin. Binnen Stunden mussten sie Häuser und Höfe verlassen und wurden nach Zentralasien transportiert. Nur wer in Mischehe verheiratet war, durfte bleiben. Als die Russen den Deutschen die Ausreise aus Zentralasien erlaubten, wollten sie fast alle in die Bundesrepublik. Nur ganz wenige kehrten im Lauf der Zeit nach Georgien zurück. Bei unserem Besuch umfasste die Lutherische Kirche Georgiens circa 1 000 Gemeindeglieder an verschiedenen Orten.

Es ließe sich ein Buch füllen mit dem, was wir erlebten. Georgien ist unbeschreiblich schön. Vielleicht neben Paraguay das schönste Land der Welt. Dazu eines der alten Kulturländer, das Kolchis der Griechen. Jedenfalls zusammen mit Äthiopien und Armenien eines der ältesten christlichen Länder. Abends in der Altstadt von Tiflis auf dem Balkon zu sitzen, umhüllt von blühenden Blumen, entführt fast direkt in die Welt des »Fliegenden Teppichs«.

Unser Besuch begann sehr entspannt mit einem typisch georgischen Abend, den ein Vertreter des Baudezernats, Georgien-Fachmann, organisiert hatte. Dann ging es Schlag auf Schlag. Die Georgier sind pünktlich. Wir durchfuhren Kachetien, den schönsten Landesteil des schönen Georgiens, sahen die älteste Akademie Europas, noch längst vor Bologna, sahen am Südhang des Großen Kaukasus das Anbaugebiet für den unvergleichlichen Wein. Später dann Mcheta, alte Residenz, mit uralten, bis auf 300 nach Christus zurückreichenden Kirchen, mit unglaublichen Skulpturen und dem Mcheta-Blau, das es nur einmal in der Welt gibt. Wenige Kilometer weiter die Grenze zu Südossetien, russisch gesichert, eine der zahllosen und schmerzenden Katastrophen, die Georgien in seiner Geschichte erlebt hat. Kurzer Halt am Eisenbahnwaggon von Stalin, eigentlich Dschugaschwili, Priester-Seminarist, der die Sowjetunion zur Weltmacht machte und als Georgier so viel Leid über Georgien brachte. Parallel dazu Verhandlungen, Sitzungen, Vorbereitungen der Bischofswahl. Im Hintergrund die Frage: Eine Lutherische Kirche in Georgien – wo ist ihr Platz und was ihre Aufgabe?

Es zeigte sich, insbesondere als Erzbischof Kretzschmar aus St. Petersburg eintraf, dass im Grunde schon alles von der EKD vorbereitet und entschieden worden war. Mir taten die Beteiligten leid: Der alte Ruhestandspfarrer, der sich zur Übernahme des Auslands-Bistums bereitgefunden hatte, ohne Ahnung von einer Brüderkirche, wie sie sich unter dem Sowjetsystem herausgebildet hatte, und ohne Vorbereitung auf die Situation Georgiens, die einheimischen Gemeindeleiter und Synodalen, die ihn erstmals beim Kommen unserer württembergischen Delegation erblickten, auch die »einfachen« Gemeindeglieder, die nicht recht wussten, was da geschah. Die Georgier baten dringend darum, die Bischofswahl doch erst in vier Wochen durchzuführen, damit sie den Kandidaten wenigstens vorher kennenlernen konnten. Mir gefiel diese Prozedur nicht, aber die maßgeblichen Repräsentanten der EKD blieben eisern dabei: Es muss jetzt gewählt werden. Ich bereute es bitter, mich nicht früher eingeschaltet zu haben. Aber ich war ja selbst noch auf diesem Gebiet ein Neuling. Noch heute brennt eine Wunde in mir, wenn ich an jene Vorfälle in Georgien denke. In meiner Empörung dachte ich damals: Wenn die Deutschen ihre Kolonialherrschaft im Stil von Tiflis ausgeübt haben, dann verstehe ich die Wut auf uns. Jene Frage, wo der Platz der Lutherischen Kirche in Georgien und was ihre Aufgabe sei, ist damals offengeblieben. Um es anders zu formulieren: Sie wurde unter uns völlig verschieden beantwortet.

Ein wenig mehr Klarheit kam für mich durch meinen Besuch beim Katholikos-Patriarchen. Dieser Besuch war schon an sich eine abenteuerliche Geschichte. Wochenlang im Vorfeld angezielt, war bei unserem Eintreffen in Tiflis noch nichts geklärt. Die Bemühungen unserer eigenen Leute reichten offenbar nicht aus. Doch ein Bekannter über sechs Ecken, ein Ingenieur, erhielt das Ja und eine Uhrzeit von Ilia II. Ich bestand darauf, dass wir den Besuch machten. Persönlich war ich gespannt, ob er mich von Ulm her, wo ich ihn durchs Münster geführt hatte, noch erkannte. Die Spannung stieg, als wir uns durch ein Handgemenge wartender Priester hindurchkämpfen mussten. Dann der Empfangssaal: Alle Stühle und Sitze nach Protokoll geordnet.

Ich nahm in unserer Reihe Platz und sah auf die beiden prachtvollen Sitze am Haupt des Tisches. Würde Ilia II. den Sitz neben ihm ebenfalls besetzen? Er kam, ernst, aber zu mir sehr freundlich. Er bat mich auf den Sitz neben ihm. Meine Begrüßungsadresse unterbrach er zu meinem Erstaunen. Ich hatte soeben gesagt: »Wir sind eine Kirche des Worts.« – »Was heißt das?«, wollte er wissen. Ich versuchte zu erklären, dass wir in der evangelischen Kirche mit Bibel und Lied immer wieder Hausandacht hielten und alles von der Bibel her entscheiden wollten. Dabei hörte ich eine innere Stimme fragen: »Ist das auch wahr, was du sagst?« Diese

Stimme höre ich bis heute. Wie viele von uns lesen die Bibel in der Hausandacht? Oder in persönlicher Stille? Was soll die Aussage »Kirche des Worts«, wenn wir gegen das biblische Wort entscheiden, zum Beispiel Jesu Wunder leugnen oder gegen die Bibel eine homosexuelle Verbindung für gut heißen und segnen?

Alle meine Besuche in den orthodoxen Kirchen waren begleitet von der Überzeugung unserer Gesprächspartner, dass wir eben im Unterschied zu ihnen die Bibel nicht ernst nähmen. Ich will noch einen Gesprächspunkt aus der Begegnung mit Ilia II. herausgreifen. Er betrifft die Stellung einer lutherischen Kirche in einem orthodoxen Land. Was wollen wir dort? Ich führte aus, dass wir seit 200 Jahren im Land sind, dass unsere Deutschen weithin evangelisch-lutherisch erzogen seien und dass wir diesen unseren evangelischen Glauben auch in Georgien leben wollten. Das hat Ilia II. ohne Einwendung akzeptiert. Mit Schaudern bemerkte ich dann später, dass manche deutsche Stimmen, auch die des künftigen Bischofs, dafür plädierten, dass wir eine Kirche für die Georgier sein wollten. Ich lehnte eine solche Konzeption ab. Wenn Lutheraner, wie am Beispiel der DDR und Lettlands beobachtet, von jedem Windzug der Verfolgung umgeworfen wurden, sich nun den orthodoxen Georgiern, die bestimmt zwanzig Zwangsislamisierungen abgewehrt hatten, als Vorbild präsentieren wollten, stimmt etwas nicht.

Dass große Kreise der orthodoxen Priesterschaft gegen andere christliche Denominationen feindselig gesinnt waren, konnte ich gut verstehen. Es ist an der Zeit, dass wir Galater 2,6–10 neu bedenken und umsetzen. Aber sind wir in unserem Hochmut dazu fähig? Übrigens beobachtete ich merkwürdige Verrenkungen »westlicher« Kirchen. So erschien zur Einsetzung unseres neuen georgischen Bischofs der baptistische »Bischof« von Tiflis, in eine braune Mönchskutte gehüllt, mit riesigem »orthodoxem Kreuz« auf der Brust. So müsse man eben in Georgien auftreten!

Andere ökumenische Begegnungen streife ich nur kurz. Da war Tansania. Sozusagen uraltes Missionsgebiet von Württembergern. Eingeladen waren wir von Bischof Alpha Mohammed. Den Nachnamen Mohammed hatte er bewusst belassen, um seine Herkunft aus dem Islam zu dokumentieren. Im Alter von zwanzig Jahren war er Christ geworden. In seiner Arbeit und seiner Diözese im Rift Valley war noch etwas vom Atem der ostafrikanischen Erweckungsbewegung zu spüren. Wir wohnten an einem andern Ort, in Kilimatinde. Dort führt eine Steige aus dem Tiefland ins ostafrikanische Hochland. Berühmt wurden Steige und Straße als eine der wichtigsten Sklavenstraßen Afrikas. Deshalb richteten die Deutschen während der Kolonialzeit hier eine Militärstation ein. Eigenartig, im gut erhaltenen Friedhof von den jungen Unteroffizieren zu lesen, die in Kilimatinde verstorben sind. Eigenartig auch, dass das separate arabische Viertel in Kilimatinde noch immer weiter bestand. Die arabische Kultur hat ähnlich wie die französische eine unendliche Lebenskraft und wird sich niemals in eine andere verwandeln.

Eigenartig schließlich unser Besuch in Ntumbi. Man zeigte mir eine Gedenktafel an den Besuch von »Bischof Gerhard Maier«, heute sicher längst verschwunden. Aber ich bete immer noch für die Gemeinde und Kirche von Ntumbi, wo wir so herzlich empfangen wurden. Klima und Menschen wechselten, als wir nach Mbeya in Südwesttansania kamen. Rapide Vergrößerung der Stadt, neue Universität, Herrnhuter Spuren in Utengule, beeindruckende Kirchenführer, viel beeindruckender noch die Offensive des Islam, die alles Land mit neuen Moscheen und Bildungseinrichtungen überzog. Tiefe Enttäuschung über die europäischen und amerikanischen Kirchen, für die kein *sola scriptura* mehr galt und die mit der Anerkennung der Homosexualität den Umbruch der menschlichen Gesellschaft vollzogen. Hätte ich nur die Perspektiven von Mbeya und Südtansania gehabt, hätte ich keinen Cent mehr für die Zukunft des Christentums in Tansania gegeben.

Indonesien: Acht Partnerschaften unterhielt die Württembergische Landeskirche mit evangelischen Kirchen in Indonesien. Dreien davon galt unser Besuch im Jahr 2005. Man könnte Bücher, ja Romane über diesen Besuch schreiben. Dramatik schon beim Start. Ich beuge mich am Morgen des Abflugtages über den Schreibtisch im Bischofsbüro. Unbändiger Schmerz. Zu Hause ins Bett. Mein treuer Dr. Widmann, bekennender Christ, stellt die Diagnose »Bandscheibenvorfall«. Er zeigt, wie ich mich spritzen muss und gibt mir die Spritzen für den Flug und Indonesien mit. Aufrecht stehend werde ich zum Flughafen gebracht. Das Bischofsteam bringt mich in den Flugzeugsitz. Die dunkle Nacht beginnt. Die kirchliche Delegation plaudert fröhlich.

Wie sagte der Bruder im Treppenhaus vor der Bischofswahl? »Im Bischofsamt werden Sie keine Wunder Gottes mehr erleben.« Ich steige in Denpasar auf Bali mit denselben Schmerzen aus. Ein kleines Wunder gibt es doch: Ich kann Bali wahrnehmen. Kleine Hindu-Tempel vor jedem Haus. Ein atemberaubender Strand am Indischen Ozean. Liebevolle Sorgfalt unserer lutherischen Schwesterkirche. Traumhafte, jeden Reiseprospekt schlagende Übernachtung in Kuta. Unvergesslich der Strand von Kuta. Zentimeterhoch scheinende Dünung des Ozeans, die doch unter starrer Sonne meterhoch war. Dann wieder Nacht. Übliche stumpfe Schmerzen. Überraschendes Einschlafen. Im Schlaf oder Halbschlaf ein Engel. Er berührt meine Seite. Ein Augenblick wie ein Hauch, aber real. Ich weiß: Gott wird die Schmerzen wegnehmen. Seit jenem Augenblick ist es mir nicht mehr möglich, an Apostelgeschichte 12,6ff zu zweifeln.

Flug Denpasar-Sulawesi. Aus Hindu-Land kommen wir ins Land von Muslimen und Christen. Hektische Konferenzen. Größtes Staunen, als ich aus dem Auto beobachte, dass immer noch kleine Hindu-Tempel vor manchen Häusern stehen, eben dort, wo sich ausgewanderte Balinesen niedergelassen haben. Im Hintergrund reißt die ganze Geschichte Indonesiens auf. In den letzten Jahrhunderten wurde sie zu einer permanenten Leidensgeschichte. Man fliegt mit der Fluggesellschaft »Garuda«. Garuda ist ein hinduistischer Märchenvogel. Beim Aussteigen in Indonesien wird man durch die hinduistischen Klänge der Empfangskapelle begrüßt. Man geht ins Theater, um das Stück vom »Affengeneral« zu sehen – reiner Hinduismus. Man erlebt die indonesischen Schattenspiele – Hindukultur. Bis zum Thesenanschlag von Wittenberg, genauer: Bis 1512 war Indonesien ebenso hinduistisch wie Indien. Dann siegten die muslimischen Heere, und die muslimischen Sultane begannen, die indonesischen Länder zu regieren.

Fast gleichzeitig erschienen die christlichen Mächte Portugal und Holland in Indonesien. Sie waren Feinde der christlichen Mission, dafür Verbündete der muslimischen Mächte und Sultane. In Indonesien verlief die christliche Mission gerade umgekehrt, als es in stumpfsinnigen, sich stets wiederholenden europäischen Vorträgen geschildert wird. Man lese aus jüngerer Zeit die Tagebücher der schwäbischen Missionare Johann Georg und Luise Baier, die 1930–1935 im Dienst der Basler Mission auf Kalimantan, damals Borneo, arbeiteten. Das Ergebnis der letzten 500 Jahre indonesischer Geschichte liest sich heute im »Neuen Fischer Weltalmanach« so: 87 % Muslime, 7 % Protestanten (zahlenmäßig fast ebenso viele wie in Deutschland), 3 % Katholiken, 2 % Hindus, 1 % Buddhisten.

Wir kamen 2005 in eine Zeit voller Umbrüche hinein. Das merkten wir besonders in der kleinen Palu-Kirche mit ihren 30 000 evangelischen Mitgliedern besser als in irgendeinem großmächtigen kirchlichen Apparat. Palu ist aufstrebende Großstadt an der Westküste Sulawesis. Kurz vor unserer

Ankunft war ein Pastor durch Muslime von der Kanzel heruntergeschossen worden. Im Hinterland gab es Streit und Attentate. Der Provinzgouverneur verfügte, dass Christen und Muslime sich zu verständigen hätten. Erst nach unserer Ankunft erfuhr ich, dass die protestantische Kirchenleitung ein Gespräch mit führenden Muslimen zusammen mit uns deutschen Gästen vereinbart hatte.

Zum ersten Mal nahm ich an einem solchen direkten christlich-muslimischen Gespräch teil. Auf meine Bitte war es an einen neutralen Ort in der Universität verlegt worden. Aber als die weit größere Konfession übernahmen es die Muslime, Gastgeber zu sein. Sie boten freundlich Tee und Gebäck an. Ich wurde gebeten, das christlich-muslimische Verhältnis in Deutschland darzustellen. Das war 2005, vor Beginn der muslimischen Terrorangriffe, wesentlich einfacher als es dies heute wäre. Ich betonte die Gastfreundschaft, die wir Christen als deutsche Mehrheitskonfession den Muslimen entgegenbrächten. Daraus entwickelte sich ein lebhaftes Gespräch. Später hörte ich in Deutschland, dass die Muslime in der Palu-Region sich gegen Angriffe auf Christen ausgesprochen hätten und dass seither die Attentate aufgehört hätten.

Einen tiefen inneren Einschnitt bedeutete die Fahrt in die Toradja-Berge. Alle Delegationsmitglieder sagten mir: »Bleiben Sie hier in Palu. Für die Bandscheiben wird die Fahrt mörderisch: Geländewagen, Steine, Schlaglöcher, Serpentinen, endloses Sitzen, Zeremonien.« Ich entschloss mich, mitzufahren. Ich hatte darüber gebetet, wurde an die Nacht auf Bali erinnert und fühlte mich einfach frei. Die Geländewagen rüttelten wie verrückt über den Schotter. Da wurde mein Kreuz wieder zurechtgerüttelt. Ich genoss die Fahrt. Wir stiegen aus. Toradja-Farben, Toradja-Gewänder, feierlichste Zeremonie, eine Hühnerleiter hinauf, Harald Stumpf stützte mich, unmöglicher Sitz stundenlang an der Rückwand des Gemeinschaftshauses – ich konnte alles. Der Bandscheibenvorfall war geheilt. Das Wunder, das der Engel ankündigte, war eingetroffen.

Wir waren stolz, dass unsere Landeskirche hier einige Projekte anstoßen konnte. Freilich war die Kirche in dem großen Ort nur halb fertig. Die muslimischen Bewohner des Orts verfügten über eine vollendete Moschee. Bei der Festversammlung in unserer Kirche wurde die ganze erste Reihe von muslimischen Frauen gefüllt, die aufmerksam dabei waren. Inzwischen ist das Toradja-Volk im Hochland halb christlich, halb muslimisch. Mein Versuch, in Stuttgart Geld für die Vollendung dieser Toradja-Kirche zu bekommen, scheiterte. Infolgedessen konnte ich mein Versprechen bei den Toradjas, ihre Kirche fertig zu bauen, nicht einlösen.

Auf Bali und Sulawesi folgte Java. Besuch beim Botschafter, der wie fast immer erhellender war als kirchliche Stellen. Vorlesungen beim STTB Bandung über fünf Tage, fast wie eine Art Fortsetzung der Vorlesungen 1986. Unsere Freundin Dorothy Marx, über 80 Jahre alt, unerhört tapfer, übersetzte zusammen mit einem Delegationsmitglied, das perfekt Indonesisch sprach. Der muslimische Druck schon direkt hinter dem Einlassgitter fühlbar stärker. Die Moschee, circa 50 Meter von den Seminargebäuden entfernt, schrie unser ganzes Areal nieder. Persönliche Begegnungen wie Lichtbahnen in einem dunklen Meer.

Abendessen mit Yonky Karman, den ich in Belgien zum Dr. theol. promoviert hatte, und seiner Familie in einem Vorort von Djakarta. Nach meiner Einschätzung der einzige evangelikale Professor in seinem Lehrkörper. Nach Jahren der Unterbrechung unserer Kontakte hatte er mir urplötzlich geschrieben: »Beten Sie für mich, dass ich ein evangelikaler Leuchtturm bin.«

Fahrt zu CIPANAS inmitten von Teeplantagen, auf Passhöhe kurz vor dem Straßenband hinab nach Djakarta. Der Leiter ein Madurese. Sein Leben eines der abenteuerlichsten, die mir je begegnet sind: Aus einem Kreis von acht Geschwistern, die die zweite Frau seines Vaters geboren hatte, von der extremen Moslembevölkerung der Insel Madura, ein Bewunderer seines strengen Vaters und seiner unbeugsamen Vorfahren, Bekehrung zu Jesus, Studium, jetzt Leiter der Theologischen Hochschule von CIPANAS. Wir wohnten der akademischen Abschlussfeier für einen Studentenjahrgang bei, wir saßen im Besprechungszimmer, versprachen Literatur. In Stuttgart wurde ich – soweit ich mich erinnere – informiert, dass eine Sendung an CIPANAS abgegangen sei. In der Hektik des 2005er-Sommers fand ich keine weitere Möglichkeit. Wenn ich im Tagesgebet heute an CIPANAS denke, steht auch manchmal der Gedanke im Raum: Haben wir wirklich alles Menschenmögliche getan?

Als letzter Blick: Tschechien. Prag habe ich geliebt. Zweimal dort Kurzbesuch, einmal wegen Krankheit abgebrochen. In Prag hatte ich während der kommunistischen Blütezeit Johannes Gerloff mit seiner tschechischen Frau Krista getraut. Aus Prag kam eine Linie der Vorfahren unserer Familie.

Jetzt, am Ende der Bischofzeit, wurde mir ein anderer Teil Tschechiens wichtiger: Tschechisch-Schlesien. In Winnipeg hatte sich bei der Vollversammlung des Lutherischen Weltbundes eine Art Freundschaft zwischen Bischof Wollny und mir entwickelt. Er lud so herzlich ein. Es wurde meine letzte Auslandsreise in der Amtszeit als Bischof. War verwundert über die Dreisprachigkeit 2005: Tschechisch, Polnisch, Deutsch. 1 000 Jugendliche in Smilovice. Gemeinsames Abendmahl mit den tschechischen Geschwistern.

Man könnte ununterbrochen heulen über das, was der Nationalismus des 19. und 20. Jahrhunderts angerichtet hat. Wird der forcierte A-Nationalismus unserer Tage die beste Medizin dagegen sein? Aus dem tschechischen Teschen wanderten wir hinüber ins polnische Teschen mit seiner berühmten protestantischen Kirche. Eine ehrfürchtige, fast heilige Atmosphäre. Noch immer ist in jener Region etwas von den evangelischen Diakonissen und den Erweckungsbewegungen zu spüren. Mit einer tschechisch-schlesischen Kaffeekanne, die bis heute bestens funktioniert, schickte uns der so viel Christus-Liebe ausstrahlende Bischof Wollny auf die weite Heimfahrt nach Stuttgart.

VIII. DIE ZEIT DANACH

Der Übergang zum nächsten Morgen nach der Verabschiedung: erstaunlich normal. Kein schwarzes Loch. Überhaupt gehört es zu den Vorzügen des Pfarrdienstes, dass die Aufgaben im engeren Sinn fortdauern: Verkündigung, Predigt, Seelsorge. Meine Erfahrung geht sogar über die Fortsetzung dieser »normalen« Tätigkeit hinaus: Vorher hatte mich der aktive Dienst vor vielen Anfragen und Wünschen geschützt, jetzt brach alles auf mich los!

Heute wird viel vom »Machtverlust« beim Übergang ins Rentenalter gesprochen. Oft unterstellt man dabei den Männern eine besondere Empfindlichkeit gegenüber einem solchen »Machtverlust«. Aber fällt er den Frauen leichter? Wieder deutet die Kompassnadel meiner Erfahrung in andere Richtungen. Nach meiner Beobachtung können Männer mit der Bierdose in der Hand und dem Fernseher vor Augen völlig glücklich sein. Der geniale Loriot hat das unübertrefflich zum Ausdruck gebracht: »Ich will nur hier sitzen.« Doch unser Leben wurde ja von einem ganz anderen Reichtum gespeist.

Beim ersten Jahreswechsel nach dem aktiven Dienst notierte ich unter dem 2. Januar 2006 in meinen Aufzeichnungen: »Ein Wunder: Wir erleben das Jahr 2006. Heute Morgen sagten wir beide: Das Jahr 2005 war überaus kritisch, und wie gnädig hat uns Gott hindurchgeführt! – Amtswechsel, Amtsübergabe, Tsunami, Wechsel des Ministerpräsidenten, drei Reisen nach Frankreich, Indonesien, Tschechien, letzter Bischofsbericht, Umzug, Einleben in Tübingen, dreimal schwere Grippe, drei Bandscheibenvorfälle, Frühjahrsurlaub ausgefallen, Einführung von ›Daran glauben wir‹, Wechsel in den Ruhestand am 30. August, 0.00 Uhr. Und unzählige Wunder und Bewahrungen Gottes!«

Tatsächlich erlebten wir auch jetzt Gottes Fürsorge bis in Kleinigkeiten hinein. An einem Montag im Januar 2006 waren Hans und Ilse Müssle, alte Derendinger Freunde, zum Kaffee bei uns. Plötzlich sagte Hans »Wie können wir dir das Einleben erleichtern? Brauchst du gelegentlich einen Fahrer?« Ganz perplex antwortete ich: »Ja, das könnte ich gelegentlich brauchen.« Nachher sagte Gudrun zu mir: »Siehst du, jetzt haben wir eine Sorge weniger.« Sorgen hatten wir uns allerdings gemacht, weil es immer schwieriger wurde, Fahrer aus dem Stuttgarter Pool zu gewinnen.

Das Jahr 2006, das erste volle Jahr im Ruhestand, füllte sich schnell mit Terminen. Zumindest äußerlich stachen die Vorlesungsreise nach Weißrussland (25.9.–2.10.) und ein Gemeindeseminar in St. Pölten/Österreich hervor. In Weißrussland waren die Abende charakterisiert durch Gespräche mit den jungen Dozenten in Schirowitzi und Minsk. Was haben wir Westeuropäer uns selbst angetan mit den unsinnigen Pressekampagnen und Boykottbeschlüssen gegen

Weißrussland! In St. Pölten beeindruckte mich schon damals die Freundlichkeit und die Aufgeschlossenheit der Gemeinde gegenüber der biblischen Verkündigung. Hinzu kam aber ein ganz ungewöhnliches Erlebnis. Bei meiner Predigt am Sonntagmorgen schaute eine Frau mittleren Alters mit einem eigenartigen Ausdruck zur Kanzel herauf. Als ich mich zum Schluss von allen verabschiedete, fragte sie mich: »Kennen Sie mich noch?« Ich antwortete: »Ich meine, ich müsste Sie kennen. Aber keine Ahnung, woher!« Es war eine Schülerin meiner Frau, die vor 40 Jahren in unserem Jugendkreis in Kayh gewesen war, auf den Freizeiten, dann ein abenteuerliches Leben abseits vom Glauben führte, dann endlich in St. Pölten eine Berufsmöglichkeit, eine zweite Ehe und – noch wichtiger als dies – den Glauben an Jesus fand! Alles ganz unwahrscheinlich! Seither schreiben und besuchen wir uns voller Freude am gemeinsamen Glauben.

Noch 2006 kamen eine Familienfreizeit auf Rügen mit Schwester Heidi Butzkamm, Bibeltage in Holzhausen bei Sulz, in Aalen und viele Gottesdienste hinzu. Auf die Bibelwochen konnte ich mich jetzt neu konzentrieren. Die Facetten wechselten gegenüber den früheren Jahren. Konturen wurden schärfer. Damit auch die Fragen und Beobachtungen. Ich liebte meine evangelische Kirche. Aber warum blieb sie manches schuldig? Warum hatte sie es – sehr grob gesagt – manchmal so schwer, »normal« zu reagieren? Ich musste mich manchmal gegen Bitterkeit wehren, sicher auch eine spezielle Gefahr des Älterwerdens. Mir wurde neu bewusst, dass für die Gemeinden das entscheidende Moment im Persönlichen liegt. Das geht hinein bis in unsere Art zu predigen. Wer sich total ans Manuskript hält, gar eine »Vorlesung« im echten Sinne hält, hat es schwerer, Augen und Gedanken der Hörer zu gewinnen. Kann ich mit ihren Augen kommunizieren, dann kann ich es leichter wahrnehmen, wenn sie sagen wollen: »Glaubst du das selbst, was du gerade sagst?«, oder: »Hör doch auf mit diesem Unsinn«, oder vielleicht auch: »Ja, das ist interessant«.

Weil es um das persönliche Moment geht, darf die Kirche nur im äußersten Fall und äußerst sparsam zentralisieren. Zentralisierung ist aber eine Lieblingsmedizin des Protestantismus. Statt der erhofften Synergieeffekte bringt sie zunehmende Entfremdung und Bürokratie. Ein Schulbeispiel sind die »Fahrdienst«-Angebote, die die Menschen an zentralen Predigtorten zusammenbringen sollen. Doch welche alten Menschen wollen in eine Kirche fahren, die ihnen fremd ist? Welcher junge sportliche Mensch steigt in einen »Fahrdienst«? Zweites Beispiel: Der sogenannte »Pfarr-Plan«. Unausweichlich, sagen die einen. Und haben weithin recht. Ein allmähliches Absterben vieler Orte, die einmal kirchliche Heimat waren, sagen die andern. Und haben ebenfalls recht.

Woher kommt der oft unartikulierte, mentale Widerstand, der unsere kirchlichen Planer so sehr ärgert? Versuche ich, meine Gespräche während der Bibelwochen et cetera noch einmal zu sortieren, dann stoße ich auf Folgendes: Zum jetzt umgesetzten Pfarr-Plan war von Anfang an keine Alternative erkennbar. Alle Grundentscheidungen gingen davon aus, dass wir schon im Jahr 2000 mit hinreichender Sicherheit zu wissen meinten, wie viele Gemeindeglieder wir im Jahre 2040 haben würden. Überraschendes? Etwa eine Bevölkerung von Migranten, in der Gott Überraschungen schafft? Etwa Bewegungen in der Atheisten-Welt? Etwa eine Änderung in der Einstellung zum Kind? Oder sonstige Ereignisse aufgrund von Gottes Weltregierung? Die Gemeinden suchten Hoffnungen, Räume für Aufbrüche zu entdecken. Doch in die Gemüter prägte sich nur ein Abwärtstrend ein. Und das Projekt einer wachsenden Kirche? Einer Kirche, die als Mission in der Gesellschaft tätig ist? Gelegentlich eine lobende Erwähnung. Aber nichts, was sozusagen Fleisch und Blut hatte.

Eher persönliche Kälte als ein gewinnendes persönliches Moment beobachtete ich auch dort, wo Prediger/Predigerinnen gerne politische Stellungnahmen abgaben. Dafür hat man Bild, ZDF und Arte. Begriffe wie Freiheit, Gleichheit, Brüderlichkeit erregen leicht Aversionen. Man will eher eine Predigt, die mir sagt, wie ich praktisch leben soll, was ich wirklich vom Christsein habe und die mir – ich sage es bewusst zugespitzt – einen überirdischen Trost überbringen kann.

In 2007 liefen zunächst meine Tätigkeiten an der Evangelisch-Theologischen Fakultät in Leuven (Heverlee) und an der Staatsunabhängigen Theologischen Hochschule in Basel weiter. In Leuven betreute ich noch zwei Doktoranden. Im Herbst 2007 öffnete sich dann eine ganz neue Verbindung. Lutz Scheufler, damals noch landeskirchlich angestellter Evangelist in Sachsen, lud uns zu einem Bibelseminar nach Chemnitz in die St.-Michaelis-Kirche ein. Wir wohnten in dieser Zeit im »Grünfelder Schloss« am Grünfelder Park in Waldenburg. Bis heute halte ich diesen Ort für einen der schönsten in Deutschland. Die Fürsten Schönburg-Waldenburg widmeten ihren Park »Der stillen Naturfreude« und schufen hier ein wunderbares klassizistisches Denkmal mit Tempeln, Inseln und Grabmälern. Überhaupt hatten wir vorher keine Vorstellung davon, wie schön das Mulde-Tal in Sachsen ist. Allerdings existierten schon lange familiäre und geistliche Verbindungen mit Sachsen. Gudruns Urgroßvater, der Bildhauer Adolf Donndorf, wurde in Weimar geboren und war lange in Dresden tätig. Teile der Familie wohnten Jahrzehnte noch »drüben«. Ich selbst war seit den 70er-Jahren innerlich stark mit Sachsen verbunden: durch meine Rüstkurse bei den Offenen Brüdern in der Jakobstraße in Leipzig, durch die Bibelschule in Burgstädt, durch meine Freunde Manfred Schäller, Karl-Heinz Vanheiden, Hermann am Ende, Gerhard Brachmann, durch Manfred und Helga Linke, bei denen ich mehrfach wohnte, und auch durch Lothar Albrecht und den Sächsischen Gemeinschaftsverband.

Aber jetzt? Chemnitz rund 20 Jahre später? Wir fuhren mit Lutz Scheufler langsam durch eine Straße und sahen den Riesenkopf von Karl Marx dort liegen. Chemnitz hieß ja zu DDR-Zeiten Karl-Marx-Stadt. »Das ist der Nuschel«, sagte Lutz. Selten einmal empfand ich so krass, dass es ein endgültiges Vorbei gibt: Ein Vorbei in der großen Geschichte wie in der Lebensgeschichte. Der Besuch meiner Bibelwoche in 2007 war ziemlich schwach, meine Rednergabe und Rednerfantasie eben doch begrenzt. Ich dachte, das wäre meine letzte Bibelwoche in Chemnitz gewesen. Doch die Einladung wiederholte sich. Wertvolle geistliche Kontakte mit Sachsen entstanden. Dazu zählte die Bekanntschaft und Bruderschaft mit Theo Lehmann. Ich gewann große Hochachtung vor ihm. So tapfer er in der DDR gewesen war, so unerschrocken trat er jetzt der bibelkritischen Strömung im wiedervereinigten Deutschland entgegen.

Ein tiefer Kontakt ergab sich auch zu Familie Kaufmann, die oben im Erzgebirge wohnte, in Tellerhäuser, nur ein paar Hundert Meter von der tschechischen Grenze entfernt. Jeden Abend kam das Ehepaar zusammen mit ihrem Sohn von dort oben herab zu unserem Bibelabend. Das war eine Stunde Fahrt, oft durch tiefen Schnee. Frau Kaufmann hatte auf den kleinen Hof geheiratet, wurde Mutter von fünf Söhnen – alle Christen – und auch noch Lektorin und Gastgeberin für Gottesdienste und Veranstaltungen in ihrem Haus. Was eine einzige christliche Familie in einem Ort bedeuten kann!

Im Jahr 2008 türmten sich – so habe ich es im Herbst des Jahres notiert – die Erlebnisse, seltsame Erfahrungen und Wunder. Einschneidend war das Ende meiner aktiven Professorenzeit in Leuven/Belgien. Ich erlebte einen feierlichen Abschluss, den Prof. Dr. Andreas Beck, von Geburt Schwabe, aber nun naturalisiert in den Niederlanden, bewegend gestaltete. Im Doctoral Exam (Doktorprüfung) hatte ich soeben noch meinen letzten Doktoranden sehr gut durchgebracht.

Unsere Abschiedsfeier ließ in mir die Geschichte unserer Evangelisch-Theologischen Faculteit noch einmal wach werden: Die Gründerjahre mit dem maßgeblichen Einfluss der flämisch-belgischen Erweckungsbewegung, das Gesetz »du roi«, das unser Institut in den Rang einer Fakultät erhob, der zweiten neben Brüssel, die Entfaltung im großen Bau des alten Jesuitenkollegs in Heverlee, die starke Beteiligung aus dem deutschen und niederländischen Sprachraum, dann das einmalige internationale Flair und die langsame »Flämisierung« bei gleichzeitiger Offenheit, am stärksten wohl der Eindruck einer Bibelzugewandtheit und eines jeweils ganz persönlich geprägten Glaubensvollzuges, in dem alles Akademische mit einer Andacht begann. Ich gestehe, dass mir der Abschied von Leuven sehr schwerfiel. Das internationale Flair, das Sich-bewegen-Müssen in einer anderen Sprachwelt, der Reichtum fachlicher Anregungen und persönlicher, hochgeschätzter Beziehungen fehlen mir jetzt. Noch immer, bis zum heutigen Tag, werde ich freilich zu allem Wichtigen eingeladen.

Und welch raschen Wechsel erlebte ich im selben Jahr mit 71! Am Tag nach der Rückkehr aus Leuven flogen wir schon nach Syrakus. Sizilien war jahrzehntelang unser Traum gewesen. Nach der Landung in Catania fuhren wir von dort mit dem Taxi die restlichen 80 Kilometer bis Syrakus. Alles hoch anständig, meine »Mafia«-Befürchtungen erwiesen sich in der ganzen Sizilien-Zeit als hohl. Gott überraschte uns zum ungezählten Male durch seine fast beschämende Güte. Im Grand Hotel Ortigia hatten wir das schönste Zimmer. Einen Störenfried wollte ich abweisen, aber er brachte nur einen großen Obstteller im Auftrag der Hoteldirektorin. Vielleicht das erste Mal in unserem Leben genossen wir ein wenig Luxus. Wir lagen direkt am Hafen und am Ionischen Meer, sahen, wie man die Schwertwale in Lkws türmte. Noch immer spürte und roch man die alte Stadt: der Dom in den Athena-Tempel eingebaut, der Apollo-Tempel, das griechische Theater, der Altar Hierons II., das Ohr des Dionysius, das Grab des Archimedes, die Latomien, der antike Hafen, das römische Theater, die Katakomben, und fast meinte man, die Spuren des Paulus zu sehen, der sich hier drei Tage aufgehalten hat (Apostelgeschichte 28,12), bevor er auf der Via Appia in Rom einzog.

Das Jahr 2008 überraschte uns auch in anderer Hinsicht. Jahrelang hatte meine »Biblische Hermeneutik« kaum Beachtung gefunden. Doch Gudrun hatte fünfzehn Jahre lang für ihre Akzeptanz gebetet. 2008 kam es auf einen Schlag: Cosmin Pricop, mein hochbegabter rumänischer Stipendiat, hatte die »Biblische Hermeneutik« ohne mein Wissen ins Rumänische übersetzt. Er überbrachte die Einladung zur persönlichen Vorstellung des Buches. Sie sollte am 15. Oktober in Bukarest und am 16. Oktober in Galatz jeweils in der Theologischen Fakultät stattfinden. So kam es erneut zu einer Rumänien-Reise. Die Aufnahme meiner Vorlesungen war sehr gut, Cosmin strahlte. Bischof Dr. Casian Crançiun und Prof. Ionitza in Genf hatten ein Vorwort zu meinem Buch beigetragen. In Galatz erhielt ich die Ehrenprofessur. So manches bei dieser Reise bleibt unvergesslich: der Besuch bei der siebenbürgischen lutherischen Gemeinde in Bukarest, der Blick auf unsere Kirche in Braila, um die ich gekämpft hatte, die stundenlange Fahrt durch die Baragan-Steppe, die ich seit meiner Gymnasialzeit unbedingt einmal sehen wollte, die riesige Donau bei Galatz, die aus unserem kleinen Ulm kam!

Unter den Ereignissen am Schluss des Jahres stach der 21. November, ein Tag der Weissacher Bibelwoche, besonders hervor. Morgens rief mein Freund Ralf Albrecht, mein letzter Assistent am Bengel-Haus, an: Er habe gestern Abend aus Versehen meinen Text genommen. So bereitete ich am Morgen um 10 Uhr einen neuen Text vor, machte um 10.30 Uhr einen Krankenbesuch und hatte um 15 Uhr einen weiteren Termin. Die Wettermeldung für den Abend: Wintereinbruch und Schneesturm. 16.45 Uhr fuhren wir los. Mitten im Schönbuch begann der Schneesturm. Neben mir betete Gudrun. Als wir den Schönbuch verließen, hörte der Schnee auf, es wurde hell. Wir tranken in Weissach noch rasch einen Kaffee. Kaum Leute da, aber ganz konzentriert. Heimfahrt in 40 Minuten, vollkommen trocken. Alles ganz irdisch, und doch für uns ein riesiges Wunder.

Im Jahr 2009 machte mir die Bibelwoche vom 9. – 12. Februar in Sonderbuch auf der Blaubeurer Alb besondere Freude. Es gibt in diesen Bibelwochen eine Dimension der Gottesnähe, die man nicht beschreiben kann. Doch dann haken sich einzelne Ereignisse im Gedächtnis fest. So der erste Abend dieser Bibelwoche. Nach dem ersten Bibelabend aß ich noch eine Kleinigkeit im Jägerstüble in Seissen, wo ich untergebracht war. Ich war froh, dass ich allein an meinem Tisch sitzen konnte.

Außer mir befand sich nur noch ein älteres Paar im Gastraum. Aber der Mann sah unentwegt zu mir herüber. Seine wohl koreanische Frau tadelte ihn, jedoch erfolglos. Plötzlich sagt er zu mir: »Darf ich eine unverschämte Frage stellen? Sind Sie Gerhard Maier?« Es war Dr. Günter Merkle, mein alter Freund aus der Tanzstunde vor 55 Jahren. Wir freuten uns unglaublich. Er wollte dann zum nächsten Bibelabend kommen. Für mich unfasslich: Er kam tatsächlich, zusammen mit seiner Frau. Leider war er an den folgenden Abenden geschäftlich verhindert.

Was mir sonst noch im Gedächtnis blieb: An einem Abend kamen zwei Männer aus dem mitwirkenden Männergesangverein auf mich zu und bedankten sich. Was gibt uns eigentlich das Recht, die Menschen in unseren kulturellen Vereinen für nicht religiös zu halten? Wenn unser traditionelles Vereinswesen im Wandel der Bevölkerung untergeht, werden wir vielleicht merken, wie viel Gutes wir an ihm gehabt haben. Am 13. Februar wollte ich nach Tübingen zurückfahren. Doch der Schneefall hatte zugenommen. An den letzten beiden Abenden kamen weniger Menschen. Am Morgen des 13.2. war mein Türschloss vereist. Endlich konnte es der Wirt öffnen und reparieren. Ich kam tatsächlich heraus aus den Schneemassen im Hof, fand die Verbindungsstraße zur B 28, fuhr

20 km mutterseelenallein in meiner Richtung und erreichte schon nach 1¼ Stunden Tübingen. Auf dieser Fahrt lernte ich zum x-ten Male meine Vertrauenslektion: Ich kann nicht anderen Vertrauen predigen und selbst bei jedem Schneefall das Vertrauen zu meinem Herrn verlieren.

Soweit ich mich erinnern kann, habe ich kein Jahr so schwach begonnen wie 2010. Schwere Grippe, acht Tage lang über 39 Grad Fieber, unerklärliche Schwäche. Selbst den obligatorischen Besuch bei unserem Sohn Bernhard in Annweiler mussten wir absagen. Angst kam auf vor den nächsten Diensten. Von irgendwoher hatte sich in mir die Meinung festgesetzt, es würde künftig nur noch wenig Erfahrungen mit Gott geben. Weit gefehlt! Die in diesem Jahr besonders häufigen Dienste konnte ich alle wahrnehmen, die Gesundheit wurde immer kräftiger. Besonders eindrücklich war die Mittelmeer-Kreuzfahrt vom 28. August bis 10. September. Gudrun und ich hatten die Reiseleitung für einen der Busse, ich überdies Vorträge und Bibelarbeiten. Heiner Zahns Hand-in-Hand-Tours hatte alles sehr gut organisiert. Wir sahen viel Neues: den Ätna und Catania, Alexandria, Kairo, die Pyramiden und die Sphinx, Rhodos und Kreta. Es gab auch lustige Erlebnisse. Einmal erwähnte ich in einer Bibelarbeit die grimmig dreinblickenden Brüder, die wir im Pietismus haben, und warb um mehr Freundlichkeit und ab und zu ein fröhliches Lächeln. Nachher sagte ein Bruder von der Schwäbischen Alb zu mir: »Ja, Sie lächeln immer! Aber wenn ich das zu Hause täte, würden die Leute sagen: Den hot's (= der spinnt)!«

Sowohl die Pyramiden als auch der anschließende Museumsbesuch in Kairo führten fast krass zu der Frage: Warum hat Israel so wenig vom Grabkult der Ägypter übernommen? Sinuhe, die ägyptischen Totenbücher, die Königsgräber, Monumente – all das sorgte für eine Allgegenwart des Todes in Ägypten. Kaum etwas davon in Israel. Nicht einmal eine Anordnung über die Art der Bestattung, wie heute in den christlichen Debatten über Erdbestattung und Krematorien zutage tritt. Leben, Überleben, Weiterleben, ewiges Leben – das war es, was Israel faszinierte. Diese Tradition Israels hat uns im Abendland viel tiefer geprägt, als man es gemeinhin ahnt.

Ich schließe hier noch eine Erinnerung an unsere Freundin Dorothy an. Ich habe sie oben schon erwähnt: geboren in München, Jüdin, nach England gerettet, dort aufgewachsen, Christin geworden, Missionarin und jetzt Indonesierin. 2011 teilte sie uns endgültig ihr Alter mit: 88. In ihrem Brief schrieb sie, sie werde in Kürze noch mal an der TU Bandung unterrichten, sie sitze im Rollstuhl, habe den Oberarm gebrochen, sei lange im Pflegeheim gewesen, weil sie ständig stürzte, brauche Pflege und könne wegen Schwachheit ihre Wohnung nicht mehr halten. Am Ende des Briefes schrieb sie dann: »Ich bin total gesund.« Wie ich sie kenne, hat sie diese Worte nicht in einer Art Demenz, sondern bewusst formuliert. Was für eine Zuversicht, welch totale Dankbarkeit dieser Christin!

Im selben Jahr 2011 erlebte ich eine ganz neue Seite aus der Welt unserer Herrnhuter Losungen. Im August wollten wir als Großfamilie auf der dänischen Insel Samsø Urlaub machen. Am Samstagabend, 30. Juli, kamen wir an. Noch abends kickte ich mit Joasch, einem meiner Enkel. Dann bekam ich starke Schmerzen im großen Zeh. Erster Gedanke: In den Sandalen beim Kicken den Zeh verstaucht, schlimmstenfalls gebrochen. Nachts rasende Schmerzen. Keine Besserung in den folgenden Tagen. So fuhren wir am 4. August ins Insel-Krankenhaus und trafen auf eine sehr vernünftige Ärztin. Ihre Diagnose: kein Bruch, keine Verstauchung, sondern entweder Gicht oder eine Infektion. Danach Schmerztabletten und zehn Tage lang Penicillin. Hinzu kam anderes.

Am 31. Juli hatte ich 38,1 Grad Fieber und Grippe. Allmählich verging die Grippe, auch der Fuß besserte sich. Aber auf Anordnung der Ärztin, die Angst vor einer Infektion hatte, durfte ich nicht mehr baden. Zu Fuß gehen konnte ich nicht. So blieb nur noch Radfahren übrig. In diese Situation hinein sprachen die Losungen. Im Krankenhaus hieß es: »Des HERRN Rat ist wunderbar, und er führt es herrlich hinaus« (Jesaja 28,29). Die nächsten Losungen handelten von Gottes Liebe (Jeremia 31,3), seiner Bewahrung (Sacharja 9,8), vom Starkbleiben (Daniel 11,32), von der Kraft (Prediger 9,10), von Gottes Allmacht (Psalm 102,26) und seinem Trost. Es kam noch mehr. Am Abend vor unserer Heimreise bekam ich einen Schüttelfrost, hatte die ganze Rückfahrt über um die 40 Grad Fieber, Schmerzen. Dennoch fuhr ich unser Auto bis Schleswig. Zu Hause erlebte ich eine rasche Genesung und konnte am 3. September die Trauung von Joel (Enkel) und Sandra halten. Die Losungen behielten recht. Dreimal krank – und doch war ich von Gott geleitet, getröstet und immer wieder erfreut.

Der Fluss der Jahre wird immer schneller, je älter man wird. Aus 2012 ragt die Israel-Reise im Oktober hervor. Nach längerer Zeit konnte ich wieder biblische und archäologische Führungen machen. Auch hier klappte die Organisation mit dem Christusbund und meinem Freund Matthias Köhler sowie dem Reiseunternehmen Walter Schechinger bestens. Wir konnten einen Blick in die laufenden Magdala-Ausgrabungen werfen, und das ausgerechnet an einem Tag, an dem wir meines Erachtens noch kein »gescheites« Programm beieinanderhatten! Schön, dass ich mit über 75 Jahren noch den Schlangenpfad nach Masada hinaufsteigen konnte.

Zu Israel war meine innere und äußere Verbindung immer besonders eng gewesen. Was für ein Abstand lag jetzt zwischen meinen Exkursionen mit den Studenten in den 70er-Jahren und der 2012er-Reise! Ich hatte noch die inneren Bilder von damals vor Augen: Mit den Studenten zu Gast bei den Beduinen des Sinai, die Beduin Gardens mit ihren glühenden Tomaten über den Dykes, die sparsamen Kamele auf den weiten stillen Flächen. Mir kamen schon damals die kritisch-akademischen Erwägungen, wonach der Sinai keine Lebensbasis für das alte Israel geboten hätte, wenig wahrscheinlich vor. Wieso sollte ein solches Gebiet von der Größe Bayerns nicht 626000 Mann (4. Mose 2,32; 3,39) mit ihren Familien ernähren können? Vor Augen auch noch: das Katharinenkloster, die Nacht auf den Schlafsäcken, der Wirbel der Sternschnuppen, der Aufstieg zum Berg des Gesetzes, das Ufer des Roten Meers bis hinab nach Sharm el-Sheikh.

Und jetzt 2012?! Wir fuhren durch ein Israel, von dem man meinte, dass kaum ein Quadratkilometer noch ohne Straße sei. Mit überschäumenden arabischen Städten in Galiläa, im Negev, auf den Bergrücken Galiläas und Samariens. Der arabisch-israelische Konflikt weit stärker als in den 70er-Jahren. Lösungen? Unser israelisch-schwäbischer Reiseführer Heinz Reusch, als zwanzigjähriger Christ nach Israel ausgewandert, sagte: »Es gibt keine Lösungen.« Lösungen – das sei typisch deutsches Denken. Welcher Realität soll man folgen? Der des israelischen Kleinbusses, der plötzlich vor uns auf der Autobahn hielt und seine arabischen Arbeiter ausspuckte, die schnell durch ein Loch im Grenzzaun im nächsten Dorf verschwanden – ein Loch, das man nicht zumachen darf? Oder der Jordaniens, das an der Taufstelle Jesu lauter Kuppelkirchen errichten ließ? Oder der der arabischen Christen, die zwischen der Teilnahme an der Intifada, der Auswanderung und dem schweigenden Leiden hin- und hergerissen sind? Oder der des jüdischen Überlebenswillens, der unter keinen Umständen einen zweiten Holocaust zulassen will?

Und wo ist der Platz des deutschen Protestantismus? Ich sehe ein Problem darin, dass er mehrere Plätze einnehmen will. Da war und ist einmal der Versuch des Luthertums, ein arabisches Luthertum aufzubauen, gestützt auf die Grundstücke, die der türkische Sultan einst Kaiser Wilhelm II.

schenkte. Dieser Versuch ist wenig Erfolg versprechend. Denn ein preußisches bzw. deutsches Luthertum und die arabische Religiosität mögen sich freundlich begegnen, sie sind aber letztlich zu verschieden. Da war der andere Versuch pietistischer Missionare, die von Basel kamen, gruppiert um Namen wie Gobat, Rappard, Schick. Ein Versuch, der sich über die Karmelmission und andere fortsetzte. Seine Zielrichtung war es, Menschen für eine lebendige Nachfolge Christi zu gewinnen. Daraus ist viel Segen erwachsen. Aber in welcher Kirche sollten die Gewonnenen ihre Heimat haben? Es gab ja bis dato schon so viele Kirchen mit einer reichen Geschichte.

Da war außerdem noch in den letzten Jahrzehnten ein stark von der Friedensbewegung bestimmtes Engagement deutscher und europäischer Kirchen, einen Ausgleich jüdischer und arabischer Interessen in Gestalt einer Zwei-Staaten-Lösung herbeizuführen. Die Palästinenser wurden dabei als Unterdrückte wahrgenommen, was zu Anklagen gegen Israel, manchmal sogar zu einer Israel-Aversion führte. Und wo blieb die Brücke zu den jüdisch-messianischen Gemeinden? Nach meiner Wahrnehmung gab es nur wenige, beispielsweise wie Johannes Gerloff, die an einem solchen Brückenbau mitwirkten. Der Ausschluss der messianischen Juden von den deutschen Kirchentagen ist ein deutliches Zeichen dieses Desinteresses. Ich bin überzeugt, dass die Alijah, die Rückkehr der Juden in großer Zahl, zu den Erfüllungen der Rückkehr-Verheißungen der Bibel gehört (z. B. Jesaja 27; 35; 66). Und ich denke, dass die Erneuerung der hebräischen Sprache und die Wiederaufrichtung eines Staates mit dem Namen Israel Erfüllungen der Jesus-Worte in Matthäus 24,32ff sind. Wir können nur beten und hoffen, dass Israel nicht noch einmal das Verheißene Land verlassen muss.

Alte Lieder aus der Jugendarbeit gewinnen neue Bedeutung: »Es eilt die Zeit, die Stunden fliehn, und niemand hält sie auf.« Es kam die Zeit der endgültigen Verabschiedung aus den akademischen Aufgaben. Noch im Frühjahr 2014 hielt ich Vorlesungen an der STH (Staatsunabhängige Theologische Hochschule) Basel. Ich hatte mich mit Gudrun dahin verständigt, dass ich danach aufhören sollte. Deshalb hatte ich auch das übliche Feedback-Gespräch mit Rektor Dr. Jacob Thiessen nicht mehr angemeldet. Ich genoss noch einmal die Gastfreundschaft der Familie von Orelli in Riehen, bei der ich als Bed-and-Breakfast-Gast wohnte und die mich immer sehr verwöhnte.

Dann hatte ich ein eigenartiges Erlebnis. An einem Dienstagmorgen, 4. März, zog ich mein Jackett vom Kleiderbügel und las auf diesem Kleiderbügel die Aufschrift: »Es gibt für uns keinen Grund, uns zurückzuziehen.« Am selben Vormittag holte mich Jacob Thiessen seinerseits zum Gespräch und eröffnete mir, ich müsse nächstes Jahr wieder kommen, weil mein Nachfolger noch nicht kommen könne. Ich sagte zu.

Aber 2015 war es dann so weit. Ich war weit über der normalen Altersgrenze. Die letzten Vorlesungstage wollte ich ganz bewusst erleben. Glücklich spürte ich, wie ein schneller und persönlicher Kontakt zu den Studierenden immer noch da war. Am letzten Abend lenkte ich meine Schritte noch einmal durch das alte Riehen mit seiner Kirchenburg, dem Wettsteinhaus, der weltberühmten Fondation Beyeler, den vornehmen alten Bürgerhäusern. Ich aß im »Arte« an der Ecke zur Straße, die zur Chrischona, einer meiner früheren Wirkungsstätten, emporführte. Ich aß, schrieb meine Notizen und machte mein Gedicht. Nie hätte ich gedacht, dass man in einer solchen Bewusstheit und einem solchen Frieden einen ganzen Lebensabschnitt abschließen kann.

Im Alter werden die Konturen schärfer. Und das heißt gleichzeitig: gröber, unvermittelter. Am Ende meiner Vorlesungen musste ich noch einmal meine Auslegungs-Werkzeuge betrachten. Das Thema Hermeneutik hatte ich selbst in den letzten zwanzig Jahren in den Hintergrund gedrängt. Aber jetzt, beim Versuch einer Summierung, wurde noch einmal klar: Für die Bibelwissenschaft hängt alles von den Voraussetzungen ab, unter denen man sie betreibt. Erklärt man die historisch-kritische Methodik zur maßgebenden Voraussetzung, dann werden auch die Ergebnisse kritisch sein. In Deutschland kommt es zudem häufig zu einer hohen Selbstidentifikation mit Methoden und Hypothesen, die jedem Gespräch und jeder Weiterentwicklung im Wege stehen. Die protestantische Theologie wird erst dann wieder Aufbauhilfe und Rückhalt sein, wenn sie sich von der Dominanz historisch-kritischer Bibelauslegung freimacht.

Auf zwei Feldern sind die Folgen des protestantischen Kritizismus besonders verheerend: in der Mission und in der Glaubenslehre. Am Anfang meines Glaubenslebens, als Jugendkreisleiter in Gönningen, hatte ich Alfred Burchartz kennengelernt. Als jüdischer Mensch war er durch die Hölle des Dritten Reiches gegangen. Als Christ hat er unzähligen Menschen in Württemberg ein einmaliges Glaubenszeugnis gegeben. So auch uns im Gönninger Jugendkreis. Ich erinnere mich, wie er uns Jesus als Lamm näherbrachte: indem er schilderte, wie der Opfernde zum Jerusalemer Tempelberg emporschritt, während er das kleine Schaf am Strick mit sich führte, es immer wieder anblickte und dabei dachte: Dieses Lamm stirbt für meine Schuld. Alfred Burchartz senkte uns eine tiefe Liebe zu Israel ins Herz. Völlig unvorstellbar, dass Jahre später unser eigener Kirchentag die Judenmission ausschloss und dabei die Mission selbst ins Herz traf. Nun kommen allenthalben »Arbeitshilfen« der deutschen Landeskirchen, die die Mission unter Muslimen verwehren wollen.

Ich selbst war seit meiner Bekehrung vom Marxismus zum Christentum ein Mensch der Mission. Seither blieb es mein Lebensziel, Menschen für Jesus zu gewinnen. Zwanzig Jahre saß ich im Vorstand der Deutschen Indianer Pionier Mission, davon zehn Jahre als Vorsitzender, nahm an der Arbeitsgemeinschaft Evangelikaler Missionen teil, flog siebenmal nach Südamerika in Indianergebiete. Und hier? In Württemberg viele brennende Herzen. In akademischen Regionen Kühlturm-Kälte.

Zur Glaubenslehre: Es gibt keine protestantische Glaubenslehre. Es gibt eine altchristlich-orthodoxe, eine katholische, eine im neueren Sinn orthodoxe – alle bunt, und doch wieder in einer Einheit verbunden. Aber es existiert eben keine allgemein-protestantische. Nur »Entwürfe«, »Einwürfe«, »Annäherungen«, Übersetzungen exegetischer Arbeiten ins Dogmatische. Mehr erlaubt der unter Evangelischen gepflegte kritische Subjektivismus nicht.

Auf einer meiner Notizen für die letzten Jahre steht: »Schlucken und überflüssig sein: Zwei Dinge, die ich jetzt lernen muss.« Und doch sind auch diese letzten Jahre voller seltsamer Überraschungen, die das göttliche Handeln zustande bringt. Besonders an solchen Stellen, wo wir nicht vorbereitet sind. Eine solche Seltsamkeit begegnete mir im Februar 2016 – ich notiere sie hier stellvertretend für eine ganze Reihe anderer. In Ulm bestand immer noch eine feste Freundschaft mit Niko und Tina. Unsere griechischen Freunde, die uns viel Gutes getan hatten, aber auch mit ihrer orthodoxen Kirche fest verwachsen waren, boten ein Essen der Superlative in ihrem bekannten Lokal. Niko war ein überdurchschnittlicher Koch. Nach vielen Jahren wollten sie wechseln, nicht zuletzt ihrem Sohn zuliebe, der Hotelfachmann gelernt hatte. Nun suchte ein renommiertes Hotel neue Pächter. Es befand sich in katholischem Besitz. Zahlreiche Sitzungen usw. katholischer Organe fanden dort statt. Zu gern hätten Tina und Niko dieses Hotel gepachtet. Tina sprach mich geheimnisvoll an: Ob ich nicht als Bischof ein Wort für sie einlegen könne. Als evangelischer Bischof – wie? Als Pietist, dem jede Äußerung, die über die Bibel hinausging, suspekt war?

Gudrun sagte: Du kannst deine griechischen Freunde nicht alleinlassen, vielleicht haben sie keinen Fürsprecher als dich. Gut, ich rief an der betreffenden Stelle an und meldete mich als Kunde, der die Qualität von Niko und Tina bestätigen konnte. Wie alle meine Angelegenheiten nahm ich auch diese Sache ins Gebet. Monate vergingen. Dann erlebte ich, wie Gott auch diese Bitte, die doch auf den ersten Blick mit seinem Reich nichts zu tun hatte, ernst nahm. An einem Morgen rief Tina ganz aufgeregt an: »Es hat geklappt! Wir haben das Hotel.« Ganz durchdrungen von dieser guten Nachricht, dankte sie uns. Vielleicht meinte sie, ein Bischofswort hätte ein wenig nachgeholfen. Egal. Gott hatte die Weichen gestellt. Ich war völlig perplex: Erhört Gott auch ein solches Gebet? Ja, er kann es.

Hatte 2015 einen offiziellen Abschied gebracht, so brachte 2016 einen Abschied in der Stille. Ich beendete meinen Kommentar zur zweiten Hälfte des Matthäus. Damit hatte ich alle Kommentierungsaufgaben zur »Historisch-Theologischen Auslegung« beendet. Es blieben nur die Herausgeber-Aufgaben. Wehmut beschlich mich. Vierzig Jahre Kommentararbeit waren zu Ende gekommen. Alles Auftragsarbeit! Nichts aus eigener Initiative angefangen! Dass meine »Biblische Hermeneutik« in diesen Tagen die 11. Auflage erlebte, war ein gewisser Trost. Ich hatte an höchstens *eine* Auflage geglaubt.

Zwei wunderschöne Tage erlebten wir im September in Basel. Schon die Fahrt am Hochrhein entlang mit dem Rheinfall, den Schaffhausener und Erzinger Weinbergen, alten Städten und der Holzbrücke über den Rhein waren die Reise wert. Dann Riehen, Beyeler mit der Ausstellung »Blauer Reiter«, die jahrhundertealten Bäume um die Wenkenstraße, die Kommunität im Diakonissenhaus, das Wiedersehen mit Schwester Doris Kellerhals, die einst im Bengel-Haus studierte, noch mal Empfang und Gang durch die STH, die mich mit dem Ehrendoktor geehrt hatte. Mit so viel Schönem deckt Gott die Gräueltaten dieser Erde zu, von denen wir manche erlebten.

Zwei auffallende Jahresdaten gab es in unserem Leben. Das eine war das Jahr 2000 mit der Wende vom 20. ins 21. Jahrhundert. Schon dieses Datum glaubte ich nie und nimmer zu erleben. Das zweite war das 500. Jubiläumsjahr der Reformation in 2017. Das zu erreichen, wagte ich erst recht nicht zu erwarten. Noch immer sind die Rückblicke und Beurteilungen zu diesem Jahr zwiespältig. Ja, sie spalten sich zunehmend. Auch mein eigenes Verhältnis zu den Feierlichkeiten schwankte zwischen der Freude, dass ein solch breites Gedenken in unserer säkularen Gesellschaft möglich war, und der Trauer. Trauer darüber, dass die eigene Kirche Martin Luther mehr und mehr als Problem behandelte, dass sie aber keinerlei Willen erkennen ließ, ihre eigene Problematik anzugehen, und dass sie unter nebulösem Freiheitsgerede meistens missionarisch untätig blieb.

In meinem Leben verdichteten sich häufig Fragestellungen in kurzen Szenen. So erinnere ich mich an ein Gespräch von nur wenigen Minuten in unserem Evangelischen Presseverband. Es ging um das Motto, das wir dem Reformations-Jubiläumsjahr geben wollten. »Freiheit«, sagte einer meiner Freunde, »das ist ein Thema, das alle bewegt. Aber die Frage nach dem gnädigen Gott, die bewegt heute niemand mehr.« Ich widersprach. Aber das Gespräch im großen Kreis war schon weitergegangen. Als Motto setzte sich in unserer Kirche durch: »... da ist Freiheit.« Freiheit: ein schönes Wort. Aber die Geschichte hat es zur leeren Hülse gemacht. Soweit mein Erlebnisbereich reicht, bewegt die Menschen anderes stärker: Wie sie gesund bleiben – wie sie Glück haben – ob da oben eventuell einer ist – welche Religion die bessere ist – wie man sich auf Gott (falls es einen gibt) einstellt oder mit der Weltseele konform lebt. Wo haben die Reformationsfeiern hier die Richtung gewiesen? Wo wurde aus der Feier ein Aufbruch?

Beim Älterwerden hat man oft das Gefühl, dass links und rechts neben uns Bäume niedersinken – Bäume, die einmal einen respektablen Wald bildeten, den wir die Gemeinschaft von Brüdern und Schwestern nannten. Am 16. November 2017 wurde Heinz Stäbler beerdigt, einer meiner treuesten Freunde. Er schaffte es, völlig unkompliziert in mein Bischofszimmer zu kommen, um ein paar Worte zu wechseln. Mitten in einem Multi-Telefon-Dschungel war er plötzlich am Apparat und sagte einfach nur: »Ich wollte mal wieder deine Stimme hören.« Mit ihm, seiner Frau und den Kindern hatten wir unsere erste Bibel-Freizeit in Walddorf verbracht. Am Schluss hatte er jahrelang nichts mehr gehört. Im Frieden war er nun heimgegangen. Ich durfte einen Nachruf halten und war froh, dass alle seine Kinder den Glaubensweg gehen.

Die Halle war voller Pietisten. Wo werden sie eine Generation nach uns sein? Ihre örtlichen Gemeinschaften schwinden rapide. Die Diskussion darüber, wer daran Schuld trägt, ist völlig unfruchtbar. Ich staune über andere Dinge. Hat sich eine unserer Kirchen ein Rettungsprogramm überlegt? Auch die liberalste Kirche muss das Aussterben der Pietisten als Verlust empfinden. Welche Pfarrer gründen heute pietistische Gemeinschaften? Welche Fakultäten ermutigen dazu? Wenn die pietistische Bewegung aufhört – wer hat etwas davon? Haben die protestantischen Kirchen seit den Tagen der Reformation ein Gen der Selbstzerstörung in sich?

Lange galt unsere Württembergische Landeskirche als ein Hort der Stabilität und Wiege vieler Frömmigkeitsbewegungen. Ihre aus der Urwahl hervorgegangene Synode verweigerte der gottesdienstlichen Segnung gleichgeschlechtlicher Paare die Zwei-Drittel-Zustimmung, die zu einem solchen Eingriff notwendig gewesen wäre. Die Reaktionen, die ich dabei erlebte, waren zu deprimierend, als dass ich sie beschreiben möchte.

Als ich im November 2017 von der erwähnten Synode zurückkehrte, las ich in der Frankfurter Allgemeinen Zeitung die Überschrift: »Europa wird muslimischer.« Natürlich – wollte ich sagen –, sie sind ja von ihrer Religion überzeugter als der Durchschnitt der Christen in Europa. Früher hatte ich Mühe, zu verstehen, wie die rein christlichen Länder des Orients mehrheitlich zum Islam konvertieren konnten, voran die Begabten.

Jetzt ist das so leicht verständlich. Was die »moderne« protestantische Theologie von Christus sagt, ist nur noch eine Handbreit vom Islam entfernt: Er sei nicht Gottessohn im essenziellen Sinn und wollte es auch nicht sein, sein Tod war kein Sühnetod, das Kreuz habe keine Heilsbedeutung, die Auferstehung sei nicht real, sondern nur hinein in den Glauben und ins Bewusstsein. Der Ausgleich mit dem Islam wird dem Protestantismus gegenwärtig wichtig. Wichtiger jedenfalls als die Mission. Was sollte dann unsere jungen Menschen abhalten, muslimische Ehepartner zu suchen und zu ihrem Glauben zu konvertieren? Teile des Protestantismus sind sogar stolz darauf, als Anwalt der Muslime vor die Öffentlichkeit zu treten. Dabei fehlt uns der Austausch mit den christlichen Schwesterkirchen, die schon lange unter dem Islam gelebt haben.

Zu den unsichtbaren Begleitern, die im Alter unseren Willen lenken wollen, gehört die Bitterkeit. Sie hat mich in vielen Gemeinden erschreckt. Aber sie griff auch nach mir. Gerade komme ich von einem Bibelseminar über die Thessalonicherbriefe zurück. Einer der Brennpunkte: »Seid allezeit fröhlich« in 1. Thessalonicher 5,16. Ist dieses Wort nicht wie ein Wächter gegen die Dauergefahr der Bitterkeit?

Es gibt noch eine andere Dauergefahr, die uns im Alter zunehmend bewusst wird. Das ist der schöne Traum von einem Ende der Kämpfe. Früher empfand ich die Liedzeile »Wir sind im Kampfe Tag und Nacht« (EG 377,1) als etwas krass. Aber mit Erstaunen sehe ich, dass die Kämpfe des Glaubens ununterbrochen fortdauern. Wir brauchen den Heiligen

Geist als Wächter, der uns »wachen und nüchtern sein« lässt (1. Thessalonicher 5,6), ohne uns zum ununterbrochenen Dreinschlagen anzufeuern.

Am anderen Ende der Verführungs-Skala steht der Fatalismus des Älterwerdens. »Du änderst nichts mehr« – »Lass fahren dahin« – »Sie haben es nicht besser verdient« versucht man zu denken und ist froh an den eigenen vier Wänden. Zahllose Enttäuschungen sind hier zu einem Riesenberg geworden. Und das Wirken Jesu? Die Erinnerung an Jesus ist ein wunderbarer Wächter, der uns nicht im Fatalismus versinken lässt. Sie erinnert an Matthäus 28,18: »Mir ist gegeben alle Gewalt im Himmel und auf Erden.« Da steht er, zur Rechten des Vaters, und hat alle Fäden in seiner Hand (Apostelgeschichte 7,56). Alle zerren an diesen Fäden, aber niemand nimmt sie ihm aus der Hand.

In manchen dunklen Stunden stehen auch frühere Verfehlungen wieder auf. Vielleicht war man sogar überzeugt, es hundertprozentig recht gemacht zu haben. Nun schauen uns Gesichter wieder an. Handlungen laufen noch einmal langsam ab. Du kannst nichts mehr ändern. Doch ein vierter Wächter ist da. Er lässt ein Wort aufstrahlen, das wir ungezählte Male lasen, sogar in Abendmahlsfeiern anderen weitergegeben haben: »Der HERR ist treu; der wird euch stärken und bewahren vor dem Bösen« (2. Thessalonicher 3,3). Gottes Bewahrung hat eine heilende Wirkung. Seine Treue ist eine wunderbare Zuflucht, in der mich seine Vergebung immer wieder aufrichtet.

PERSONENREGISTER

ORTSREGISTER

Simone Martin

Friedrich Hänssler – Ein Leben für das Evangelium
Die Biografie

Friedrich Hänssler hat als eine der bedeutendsten christlichen Verlegerpersönlichkeiten in Deutschland Generationen von Christen geprägt. Die Verlagsgeschichte der Hänsslers. Voller überraschender Anekdoten, ehrlicher Einblicke und glaubensstärkendem Tiefgang.

Gebunden, 13,5 x 21,5 cm, 368 Seiten
Nr. 395.889, ISBN 978-3-7751-5889-3
Auch als E-Book

Eric Metaxas

Bonhoeffer
Pastor, Agent, Märtyrer und Prophet

Als noch niemand ahnt, dass Hitler Deutschland zerstören wird, warnt ein junger Pastor im Rundfunk vor dem »Ver-Führer«. Metaxas zeichnet in seiner großen Bonhoeffer-Biografie ein vielschichtiges Bild von Leben und Glauben des Theologen, Agenten und Märtyrers. »Anschaulich und packend geschrieben, stellt das Buch – gerade für jüngere Menschen – einen wunderbaren Einstieg in die Beschäftigung mit ihm dar.« (Prof. Dr. Peter Zimmerling, Theologe und Bonhoeffer-Experte)

Gebunden, 15 x 21,7 cm, 768 Seiten
Nr. 395.271, ISBN 978-3-7751-7271-6
Auch als E-Book 🅴

Auch als Hörbuch erhältlich, 6 CDs
Nr. 395.492, ISBN 978-3-7751-5492-5